Harald Walter

Haben Sie noch alle Neurone beisammen?

Über Gefahren gedankenlosen Gebrauchs digitaler Medien.

Ratgeber für interessierte und betroffene Eltern, Erzieher und Pädagogen.

tredition®

www.tredition.de

© 2018 Harald Walter

Autor: Dr. med Harald Walter
Illustrationen: Anja Walter

Verlag und Druck: tredition GmbH, Hamburg

ISBN
Paperback: 978-3-7469-3236-1
e-Book: 978-3-7469-3237-8

Vorbemerkungen

Wir leben in einer Zeit, in der sich das allgemeine Wissen vermutlich etwa alle fünf bis sechs Jahre verdoppelt.

Wir gelangen heutzutage auch sehr viel schneller an Informationen als noch vor 50 Jahren. Möglich wird das nicht nur durch die etablierten Medien Radio und Fernsehen sondern insbesondere durch das World Wide Web, durch die enorme Verbreitung der Personal Computer (PC) und der mittlerweile auf Zigarettenpackungsgröße geschrumpften Smartphones, die vor zehn Jahren aus den im deutschen Sprachgebrauch üblichen Handys erwachsen sind. Ergänzt durch Tablets und e-Books haben wir jederorts und jederzeit Zugriff große Mengen Informationen und Allgemeinwissen, welches wir früher umständlich aus dicken Lexika heraussuchen mussten, und es grenzt nahezu an ein Wunder, dass sich noch solche „Dinosaurier" wie gedruckte Zeitungen und Bücher zur Wissensvermittlung halten. Vervollständigt wird dieses Angebot durch technisch ausgefeilte Spielekonsolen und einem schier unendlichen Angebot an mittlerweile perfekten PC-Spielen und – noch einen Schritt weiter – Tools wie 3D-Cyberbrillen, mit welchen wir in fiktive Welten eintauchen können.

Noch nie war es also möglich, alles Wissen im Prinzip "in der Hosentasche" mit sich herum zu tragen und wann immer gewollt abzurufen. Gleichzeitig ist es heute möglich beinahe ständig Kontakt zu anderen Smartphone-Besitzern zu halten und stets online erreichbar zu sein. Kein Wunder, dass immer mehr Nutzer immer öfter und vor allem immer länger dieser totalen Versuchung erliegen!

Der Zuwachs an Smartphones ist rasant. Weltweit wurden 2014 1,60 Milliarden Nutzer geschätzt, in Deutschland ging man im Mai desselben Jahres von über 46 Millionen Nutzern aus.

Ebenso dramatisch wächst der Nutzungsumfang: Sieben Prozent der Nutzer schauen unmittelbar nach dem Aufwachen und nochmals vor dem Zubettgehen aufs Gerät, weitere 13 Prozent jeweils innerhalb von fünf Minuten. 72 Prozent aller Nutzer haben innerhalb einer Stunde nach dem Aufwachen ihr Gerät in Betrieb genommen, 63 Prozent tun es noch innerhalb der Stunde vor dem Schlafengehen (001)!

Noch nachdenklicher sollten uns die Zahlen der weit jüngeren Nutzer machen! Bereits Kinder im Alter von drei bis acht Jahren haben vielfältige Möglichkeiten auf digitale Medien zu zugreifen. Knapp die Hälfte sind bereits stolze Besitzer von Spielekonsolen und ein Drittel nutzt schon die Smartphones der Eltern! Sieben Prozent der Fünfjährigen und 21 Prozent der Sechsjährigen besitzen bereits ein Handy. Unter den Achtjährigen haben immerhin 19 Prozent schon ein eigenes Smartphone. Besonders schnell wächst der Anteil jugendlicher Smartphone-User bei den 12 bis 13jährigen, er wurde 2014 auf über 80 Prozent geschätzt (002). *„Nicht nur beim Smartphone, auch bei anderen Medien sehen wir eine Verjüngungstendenz"* wird die Erziehungswissenschaftlerin Frau Dr. Claudia Lampert vom Hans-Bredow-Institut in Hamburg zitiert.

Mehr als die Hälfte aller Achtjährigen in Deutschland ist somit bereits online! Und dabei wird von den Jugendlichen leider nicht nur nützliches Wissen abgerufen, sondern über PC und Smartphones vor allem und in sehr viel größerem Maße redundante Informationen aus den Privatsphären ins Netz gestellt. Datenschutz wird dabei vernachlässigt und die Gefahren der daraus resultierenden Kontrolle und Weiterverwendung durch Konsum- und Medienindustrie schrecken scheinbar niemanden ab!

7

Die technische Ausstattung der Kinder sowie ihre Möglichkeiten auf Zugang zu den digitalen Medien ist heutzutage keine Sache des Geldbeutels (002) und hat sich zu einem Massenphänomen der besonderen Art entwickelt. Die Lehrerin einer Gesamtschule eines Problembezirkes in einer norddeutschen Großstadt berichtet: *„Wenn ich vor einer Klassenarbeit die Handys einsammle und auf dem Lehrertisch ablege, dann liegen dort Telefone im Wert von über 20.000 Euro!"* (Private Mitteilung)

Wer öfters mal nach Schulschluss im Bus, der U-Bahn oder S-Bahn sitzt, bezweifelt dies sicherlich nicht. Da sitzen viele Kinder sich gegenüber, den Blick auf die Smartphones gerichtet und ihre Unterhaltungen finden per WhatsApp statt. Die Nutzungszeiten digitaler Geräte bei dieser sehr jungen Generation wachsen rasant. 18 Prozent der Kinder, die eine Spielekonsole besitzen, verbringen Wochentags mehr als eine Stunde am Gerät, am Wochenende sind es gar 40 Prozent. Für die anderen digitalen Geräte gelten ähnliche Tendenzen (003).

Doch offensichtlich ist dies noch nicht genug an „digitaler Mästung", jedenfalls sind die Zeitungen und Medien voll von Nachrichten, in denen eine weitere Verbreitung von e-Technik in den Schulen und gar in den Kindergärten gefordert oder gefördert wird, gar darüber nachgedacht wird, ob ein Smartphone in die Schultüte gehört. In den USA und vor allem in Ostasien werden Tablets und e-Technik sogar schon für Säuglinge propagiert und selbst in Deutschland kann man schon eine beängstigende Zahl an Kinder-Tablet-Angeboten googlen. Ade ihr „old-fashioned" Kinderspiele – Fußball, Verstecken, Cowboy und Indianer, Umherstreifen durch die nahe Natur! Welches Kind hat heutzutage daran noch Spaß und vor allem die Geduld und Fantasie dafür?

Was will ich mit diesem Buch erreichen? Die Entwicklung verteufeln oder die Nutzung digitaler Medien gar verhindern? Dafür ist der Zug längst abgefahren, und ich will auch nicht bestreiten, dass eine vernünftige und kontrollierte Nutzung durchaus nützlich und förderlich sein kann. Sicherlich werden wir zukünftig Zeiten besseren Umgangs mit diesen Techniken erleben, doch derzeit ist eine Generation Erwachsener mit einem Problem konfrontiert, welches sie in ihrer Kindheit nicht kannte, die sie selbst und ihre Kinder aber intensiv beschäftigt, weil Konflikte und Fehlentwicklungen vorprogrammiert sind.

Aus diesem Grunde wage ich eine hoffentlich verständliche und nicht zu ausladende Betrachtung der vielfältigen Gefahren einer unkontrollierten und übermäßigen suchtartigen Nutzung digitaler Medien für Gesundheit und soziales Miteinander. Der gedankenlose Eifer der Befürworter digitaler Medien – besonders für Kinder – bereitet mir Sorge. Die deutlich sichtbaren Verhaltensänderungen bei Heranwachsenden alarmieren mich, denn ich erlebe die hieraus resultierenden Folgen schon seit Jahren in meiner psychotherapeutischen Tätigkeit, in der mich nicht nur die aktuellen seelischen Beschwerden meiner Klientinnen und Klienten interessieren, sondern auch die ursächlich auslösenden Faktoren. Die Rückschlüsse aus diesen Erfahrungen und Erkenntnissen lassen mich die Folgen der derzeitigen digitalen „Verseuchung" besonders skeptisch sehen.

Was passiert hier? Was wird hier für ein gigantischer Versuch mit tief eingreifenden und häufig ganz und gar absorbierenden Medien gemacht, ohne dass die möglichen Folgen vorab reflektiert oder etwa sorgfältig untersucht wären, wie man es zum Beispiel für ein neu entwickeltes Medikament erwarten würde und wie es insbesondere bei einem Mittel für den Einsatz an Kindern zu fordern wäre (004). Warum werden Erkenntnisse kompetenter Wissenschaftler, die alarmierend genug sind, nicht entsprechend gewürdigt oder ignoriert, bzw. die Mahner und Warner im schlimmsten Falle angegriffen und verunglimpft?

Viele der nachfolgenden Fakten habe ich Arbeiten dieser kritischen Kollegen entnommen, um meine eigenen Gedanken zu untermauern.

Überdies wage ich eine eigene Darstellung aus der Sicht meiner persönlichen psychotherapeutischen und geburtshilflichen Erfahrungen der letzten 40 Jahre, die speziell die frühkindliche Entwicklung in der Prägungszeit betrifft. Schon lange betrachte ich Entwicklungen mit Sorge, die nach meiner Vermutung ihren ganz konkreten Ursprung im zunehmenden unreflektierten Gebrauch digitaler Medien haben können.

Zusätzlich beziehe ich mich auf aktuelle Studien und Forschungsergebnisse einer großen Zahl bedeutender Wissenschaftler in aller Welt, die sich mit unserem Gehirn und seinen neuen zum Teil erstaunlichen Erkenntnissen befassen und mit der Wirkung der aktuellen e-Technik auf unser Denkorgan. Untermauert wird dies durch eine Reihe aktueller Umfragen und Statistiken.

Zusammengefasst:

Die Nutzung digitaler Medien nimmt dramatisch zu. Besonders das Smartphone als tragbarer PC in Taschenformat hat sich weltweit explosionsartig verbreitet: Im Mai 2014 ging man von 46 Millionen Geräten allein in Deutschland aus.

Alarmierend ist insbesondere die zunehmende Zahl kindlicher Nutzer: unter den Achtjährigen besitzen 19 Prozent ein eigenes Smartphone, bei den 12 bis 13jährigen sind es bereits über 80 Prozent. Die Hälfte der 3 bis achtjährigen Kinder in Deutschland besitzt eine eigene Spielekonsole und nutzt das Smartphone der Eltern. Alles in allem wirkt dies wie ein gigantischer Versuch mit digitalen Medien an Kindern, denn erst langsam wachsen die Erkenntnisse möglicher Gefahren und Folgen. Auch in der psychotherapeutischen Arbeit zeigen sich die ersten Fehlentwicklungen, die auf den maßlosen Gebrauch digitaler Medien zurückgeführt werden können.

1. Einstimmung

Beginnen möchte ich meine Ausführungen mit einer kurzen Einstimmung, mit der ich Sie, verehrte Leserinnen und Leser, für das Thema zu sensibilisieren hoffe.

Optimal wäre es, sich diese Einstimmung von einer vertrauten Person vorlesen zu lassen und beim Zuhören die Augen zu schließen. Anderenfalls sollten Sie die nächsten Zeilen möglichst ungestört und konzentriert lesen, damit Sie Ihre innere Vorstellungswelt aktivieren können.

Es ist ein wohlig warmer Sommersonntag. Ein paar watteweiße Wölkchen wandern langsam über einen strahlend blauen Himmel. Die offene Terrasse des Restaurants ist noch nicht gefüllt und über die niedrige mit roten Geranien umrankte Brüstung ist der Blick frei auf den gelben Sandstrand, an dem sich vereinzelt kleine Wellen aus dem ansonsten ruhigen tiefblauen Meer brechen. Vom Wasser weht ein sanfter Wind, kaum spürbar auf der Haut, und trägt einen Hauch von Salz und Algenduft mit sich. Außer dem vereinzelten fernen Gekreische einiger Möwen herrscht eine angenehme Stille. Ihr Körper ruht mit angenehmer Schwere in den weichen Polstern eines Strandkorbes am Rande der Terrasse, der Kopf ruht auf dem obligaten Nackenpolster, die Hände entspannt über dem Bauch gefaltet, der sich im sanften Rhythmus der Atemzüge hebt und senkt, die Beine ausgestreckt auf den weichen Fußrasten.

Eine Familie betritt die Terrasse, der Vater Mitte Vierzig, lässig gekleidet mit Jeans, T-Shirt, buntem Seidenschal und Lederweste, eine verspiegelte Sonnenbrille über der Stirn am schütteren Haaransatz, die Mutter etwas jünger, asymmetrischer Kurzhaarschnitt mit rötlich gefärbten Spitzen in engem Jeansrock, beiger Bluse unter der ein dunkles Bustier schimmert, das Gesicht fast ganz verdeckt durch eine großflächige Sonnenbrille, eine Tochter, ca. 17 bis 18 Jahre alt in Hotpants und engem ärmellosen Shirt, ein dezentes Tattoo am linken Oberarm, am Handgelenk ein Quirl von Freundschaftsbändchen, eine leichte bräunlich schimmernde Sonnenbrille auf der Nase, sowie ein Sohn um die 12 Jahre alt, in übergroßen blauen Hiphop-Hosen, hellblauem Sweatshirt und einem Base-Cap, das schräg auf dem Kopf sitzt. Aus dem blonden Haarschopf laufen beiderseits, dort wo man die Ohren vermuten kann, zwei dünne Kabel bis in die rechte Gesäßtasche.

Die Familie steuert einen runden Tisch in mitten der Terrasse an und lässt sich nieder. Der Vater mit Blick aufs Meer, die Mutter mit Blick in Richtung Promenade, die Kids mit Blick auf das Gebäude. Wie auf ein Kommando ziehen alle vier ein Smartphone heraus und legen es auf den Tisch. Die Mutter dazu eine Packung Zigaretten und ein Feuerzeug. Ein aufmerksamer Kellner verteilt vier Speisekarten. Die Kids würdigen diese keines Blickes, sondern wissen schon, was sie wollen und ordern. Der Vater wirft einen kurzen Blick hinein und bestellt. Die Mutter blättert, kann sich noch nicht entscheiden, fragt, was die anderen nehmen und ordert schließlich auch dem geduldig wartenden Kellner. Wie abgesprochen greifen nun alle vier zum Smartphone und starren mit gebeugtem Kopf auf die kleinen Bildschirme. Der Mutter gelingt es dabei, sich mit einer Hand eine Zigarette anzuzünden, wodurch die Tochter mit vorwurfsvollem Blick wortlos den Platz aus der Windrichtung wechselt. Der Kellner bringt die Getränke, Vater und Kids bekommen Cola light und die Mutter eine Apfelsaftschorle. Nur der Vater blickt kurz auf und bedankt sich. Wenig später wird das Essen gebracht. Ein Hauch von Pommes frites weht herüber. Die Teller werden rechts oder links neben die Smartphones platziert. Erstaunlich ist, dass keiner der vier sich beim Essen mit der Gabel verletzt, da eigentlich nur die Smartphones im Blick gehalten werden, abgesehen von kurzen Notwendigkeiten des Fleischzerschneidens oder Zerteilens einer Kartoffel.

Die Mahlzeit dauert keine 20 Minuten. Die Mutter zündet sich die zweite Zigarette an, die Tochter macht noch ein Selfie mit dem Meer im Rücken. Der Vater winkt den Kellner heran und zahlt. Die Familie steht auf und verlässt die Terrasse, der Sohn wirft einen kurzen Blick aufs Meer, die Mutter tritt ihre halb fertige Zigarette auf dem hölzernen Terrassenboden aus. Die vier haben in der halben Stunde keine zehn Worte miteinander gewechselt.

(Sie können die Augen wieder öffnen.)

Vielleicht fragen Sie sich nun, was so besonders an dieser Szene gewesen sein soll. Ist diese (fiktive) Geschichte übertrieben oder könnte sie sich so oder ähnlich auch in Ihrer Nähe abgespielt haben?

Der Vater hat sicherlich seinen Terminkalender für die nächste Woche aktualisiert, die Mutter stöberte im Internet-Shop, die Tochter kommunizierte per WhatsApp mit ihrem Freund und der Sohn checkte die letzten Bundesliga-News. Und was ist so schlimm daran? Oder was ist, wenn diese Familie es schon immer so machte und auch weiterhin so tun wird?

In den letzten 20 Jahren meiner psychotherapeutischen Praxis musste ich mich zunehmend mit ganz speziellen Störungen und Beschwerden befassen, welche ich im Verdacht habe, eine der Folgen dieser Verhaltensweisen zu sein. Ich habe sie „Digitale Ignoranz" genannt und betrachte sie als pathologisch oder zumindest als eine alarmierende Fehlentwicklung. Diese Entwicklung und die damit zusammenhängenden Besorgnis erregenden Tendenzen für Evolutions- und Sozialgefüge werde ich im Folgenden näher erläutern.

Zusammengefasst:

Immer öfter werden Augenblicke sinnlicher Erfahrungen von unbedarften oder gedankenlosen Usern digitaler Geräte ausgeblendet, nicht wahrgenommen! Diese „Digitale Ignoranz" hat mittlerweile Ausmaße angenommen, die als krankhaft oder zumindest als alarmierende Fehlentwicklung betrachtet werden können.

2. Werden wir gefühlsblind?

Eine Störung, die ich vor allem häufig in meinen Kursen für Autogenes Training (005) vorfinde, ist die zunehmende Unfähigkeit, eigene Körpersignale wahr nehmen zu können, welche unterschiedliche Gefühle, Befindlichkeiten und unter Umständen die Grenzen der eigenen Belastungsfähigkeit signalisieren. Alexithymie nennen wir Ärzte eine Gefühlslegasthenie, die verhindert, dass körperliche Reaktionen auf situative oder belastende Ereignisse oder tiefe Gefühle auch als solche erkannt und zugeordnet werden und damit das Anwenden von Kompensations- oder Gegenmaßnahmen ermöglichen (006). Eine uralte Fähigkeit, für die es im Volksmund zahlreiche Hinweise gibt. "Ich nehme mir etwas zu Herzen!", "Mir ist es auf den Magen geschlagen!", "Mir ist es eiskalt den Rücken runter gelaufen!", "Ihm juckte das Fell!" oder "Sie hat kalte Füße bekommen!" sind nur einige Metaphern, die von diesem Bewusstsein zeugen. Die Werke unserer großen Dichter sind voll davon, das weiß jeder, der einmal Goethes "Die Leiden des jungen Werther" oder Schillers "Räuber" gelesen hat. Um diese Metaphern, die ja eine uralte Körpersprache ausdrücken, wieder verständlich zu machen, bedarf es in manchen Therapien viele Stunden. Die Leseschwäche der eigenen Befindlichkeit und ihrer Auswirkungen führt bei vielen Betroffenen zu ständigen Arztkonsultationen und endet häufig in Irritation und Verzweiflung, weil keine organische Erkrankung gefunden wird. Besonders bei ehrgeizigen Menschen führt das Ignorieren körpersprachlicher Symptome häufig zu chronischem Stress mit einem möglichen Ende im Burnout, wenn die sogenannte Batterie dann wirklich ganz leer ist (007;008). Oder noch dramatischer: im Herzinfarkt.

Fallbericht: Typisch für ein solches Verhalten war der Bericht einer 34jährigen beruflich sehr erfolgreichen Frau, die mich wegen starker Kopfschmerzen und Schlafstörungen aufsuchte. Auf meine Frage, was ihr denn „Kopfzerbrechen" bereite und ihr den „Schlaf raube", stutzte sie zunächst und antwortete nach einigen Sekunden, dass sie eigentlich keine Probleme hätte, sehr erfolgreich in einem großen Unternehmen arbeitete und ihren Tagesablauf streng einrichtete. Ich ließ mir ihren Tagesablauf beschreiben, der sich minutiös und lückenlos von morgens sechs Uhr (Joggen) bis abends 21 Uhr (checken der täglichen e-mails) durchzog. Allgegenwärtig und beherrschend waren dabei die Rollen von Smartphone und Tablet. Auf meine Frage: „Und wo sind Sie?" Stutzte sie erneut und brach dann in Tränen aus. Sie sah sich wieder als Kind und Jugendliche (sie war Einzelkind) beim organisieren ihres Tagesablaufes für ihre kränkelnde Mutter und ihren fordernden Vater, der wollte, dass sie einmal beruflich mehr erreichen sollte wie er als einfacher Facharbeiter. So organisierte sie von Kindheit an ihren Tagesablauf zwischen Schule, Schulaufgaben und Haushalt ohne Zeit für weitere Interessen und führte dieses Verhalten fort, auch nachdem sie nach vollendetem Studium das Elternhaus verlassen hatte. Anforderungen des Betriebes und Wünsche ihrer Mitarbeiter hatten stets Vorrang vor eigenen Bedürfnissen. So waren zwei Beziehungen gescheitert und Zeit für echte Freundschaften oder Hobbies hatte sie bisher auch nicht.

Ich gab ihr die Aufgabe „sich zu entdecken", sowohl das Kind in ihr als auch die Erwachsene mit all ihren Bedürfnissen und Träumen. Nach einigen Monaten intensiver Therapie hatte sie kaum noch Beschwerden, und wenn, dann wusste sie, „was die Glocke geschlagen hat".

Bedingt durch den Glauben an die moderne Medizin werden immer sofort Ärzte konsultiert anstatt in sich zu gehen, sich autogen zu versenken, um den Körper mit seinen Signalen zu verstehen. Oder es wird solange intensiv gegoogelt, bis durch die

18

Fülle der mehr oder weniger verlässlichen Informationen aus dem Internet unter Umständen die Beschwerden noch zunehmen (der sogenannte Morbus Google) und dadurch Ängste und Verwirrung geschürt werden und andererseits der konsultierte Arzt, den man mit seinem Google-Wissen überschüttet, häufig genervt reagiert.

Therapeuten und Ärzte, die psychosomatisch geschult sind, wissen, wie häufig zum Beispiel traumatische Ereignisse „auf den Magen schlagen", dass Lebensrhythmusstörungen wie Flucht oder Vertreibung, Verlust einer geliebten Person oder des Arbeitsplatzes in der Folge Herzrhythmusstörungen auslösen können. Und sie können die vorgebrachten Signale richtig „übersetzen", sodass die auslösenden krankmachenden Faktoren identifiziert werden und angemessene Therapien eingeleitet werden können.

Notwendig zum Wiedererlangen eigener körpersprachlicher Lesefähigkeit ist aber erst einmal, dass wir wieder lernen, „ganz bei uns zu sein" und „uns unserer Selbst bewusst zu sein". Dazu später mehr.

Zusammengefasst:

Die Unfähigkeit zur Wahrnehmung eigener Körpersignale (Alexithymie) nimmt zu. Genuine körpersprachliche Hinweise werden nicht mehr verstanden oder ignoriert und münden in chronischen Beschwerden bis hin zum Burnout. Der durch die Informationsflut im Internet hervorgerufene „Morbus Google" führt zu zusätzlicher Unsicherheit und häufig auch zur Kommunikationsstörung mit dem konsultierten Arzt. Übungen wie das Autogene Training und das Versenken in uns selbst können helfen, sich seiner Selbst wieder bewusst zu werden.

3. Verkümmert unsere Fähigkeit zu Mitgefühl?

Ein weiteres von mir immer häufiger in der Therapie beobachtetes Phänomen ist der Verlust der Fähigkeit, nonverbale also körpersprachliche speziell auch mimische Ausdrucksweisen und Signale im Gegenüber lesen zu können. "Was guckst Du!" ist häufig die bedrohliche Äußerung im Falle solcher Unfähigkeit. Oft lassen sich hier die Ursachen für Beziehungsstörungen finden. Prosopagnosie nannten die Neurologen des vergangenen Jahrhunderts eine Gesichtserkennungsschwäche, von der man in früheren Jahren glaubte, dass sie nur durch Verletzungen des Gehirns auftreten (009). Mittlerweile gibt es gesicherte Erkenntnisse über eine erbliche familiäre Häufung (010), speziell beim Autismus und Asperger-Syndrom (siehe unter Bergriffserklärungen). Heute scheint diese Unfähigkeit, bei der durch mimische Ausdrucksweisen nur hilflose oder inadäquate Reaktionen ausgelöst werden, in abgeschwächter Form auch erworben aufzutreten. Mir stellt sich hier die Frage, ob in solchen Fällen die sogenannten Empathie-Neurone verkümmert sind. Empathie-Neurone sind Nervengeflechte, die darauf spezialisiert sind, uns im Gegenüber blitzschnell und unbewusst lesen zu lassen, in welch seelischer Verfassung derjenige sich gerade befindet. Ein Vorgang, den wir auch Mitgefühl (011) nennen und der uns zu unbewussten (meist) mitfühlenden Reaktionen veranlasst.

Diese mitmenschliche Fähigkeit ist ein grundlegender Baustein sozialen Verhaltens in allen Bereichen unseres Lebens: Familiäre Bindungen, Freundschaften, Liebesbeziehungen, selbst Geschäftsbeziehungen sind ohne sie zum Scheitern verurteilt (011).

Den im Jahr 1992 vom italienischen Hirnforscher Giacomo Rizzolatti bei Makakenaffen entdeckten Spiegelneuronen schreiben viele Autoren die Fähigkeit zu Empathie zu, wenn gleich das Vorhandensein von Spiegelneuronen beim Menschen derzeit nicht gesichert ist und Makakenaffen keine Empathie im menschlichen Sinne kennen (012;013). Gesichert aber ist, dass Menschen solche Empathie- und Imitationsareale besitzen, jedoch an anderer Stelle im Gehirn als die Spiegelneurone bei der Rhesusaffenart (Prof. Dr. Dr. Gerhard Roth, persönliche Mitteilung).

Die Empathie-Neurone helfen ganz früh bei der so wichtigen Bindungsstabilisierung zwischen Mutter und Kind, im weiteren Verlauf aber auch zu Vater, Geschwistern und weiteren Personen innerhalb des sozialen Umfeldes. Sie lösen den so wichtigen Nachahmungsreflex aus, der schon 20 Minuten nach der Geburt beim Neugeborenen nachzuweisen ist und der in der Beziehungsentwicklung der Kleinkinder auf ihrem Weg zu einer stabilen Persönlichkeit eine große Rolle spielt. Fallen in dieser Phase rasanter Gehirnentwicklung so wichtige analoge Kontaktaufnahmen wie Blickkontakt, sprachliche Zuwendung oder im schlimmsten Fall sogar die Berührung weg, sind die Neugeborenen in Gesundheit und Leben bedroht.

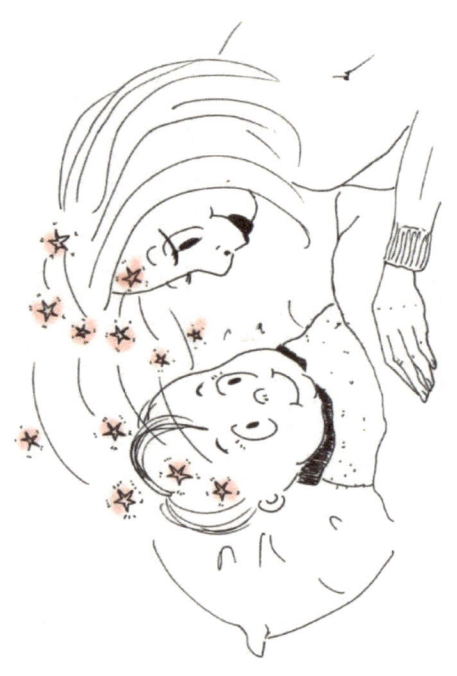

Anrührend ist die Schilderung eines „wissenschaftlichen" Versuches durch den letzten Staufenkaiser Friedrich II., der im 13. Jahrhundert zur Erforschung der Ursprache Ammen von Waisenkindern anwies, diese mit Nahrung und Kleidung zu versorgen, ihnen aber verbot, auch nur ein Wort mit den Säuglingen zu sprechen, in der Hoffnung, die Neugeborenen würden dann beginnen, sich untereinander in der Ursprache zu verständigen. Die Kinder sind alle verstorben (014). Eine zweite Geschichte ereignete sich in den 80er Jahren auf einer perfekt ausgerüsteten Frühgeborenenstation in den USA, wo den Kinderschwestern wegen vermeintlicher Infektionsgefahr untersagt war, die Inkubatoren zu öffnen und die Frühchen zu berühren. Trotz optimaler medizinischer Versorgung verschlechterte sich der Zustand der Kinder dramatisch bis auf die in der Schicht einer einzigen Hilfsschwester. Wie sich herausstellte, hatte sie es nicht übers Herz gebracht, die strengen Regeln einzuhalten und, wenn ein Kind weinte, den Inkubator geöffnet und das Kind gestreichelt (014).

Diese bewegenden Vorfälle unterstreichen die immense Wichtigkeit des Vermittelns analoger also direkter menschlicher Impulse im sprachlichen, taktilen und visuellen Bereich für die gesunde Entwicklung der Neugeborenen.

Der österreichisch-amerikanische Psychoanalytiker René Spitz, ein Zeitgenosse und Schüler Sigmund Freuds, beschrieb bei seinen Studien an Kleinkindern, die nach der Geburt in Heimen aufwuchsen, dass das Fehlen des mütterlichen Gesichts und ihres Lächelns zur Unfähigkeit führt, „den anderen als anderen" wahrzunehmen (015).

Hierzu kann ich einen Fall aus meiner Sprechstunde beisteuern: *Eine 50jährige Patientin suchte mich auf, weil sie sich zunehmend ausgegrenzt und isoliert vorkam. Wenn sie irgendwo in der Öffentlichkeit vermeinte, dass jemand sie anschaute oder fixierte, überkam sie ein Gefühl zwischen Angst und Wut und sie verspürte den Impuls, entweder ihren Ärger zu zeigen oder sich zurück zu ziehen. In ihrem Beruf in der Gastronomie hatte ihr das Gefühl geholfen, sich nicht „anbaggern" zu lassen, aber in „Sachen Trinkgeld" hatte es ihr geschadet. Zu tragfähigen Beziehungen mit Männern war es nie gekommen. In der weiteren Exploration fragte ich sie, was sie denn an einem Blickkontakt ärgerlich machte, wo es doch so unterschiedliche Formen von Blickkontakt gäbe, freundliche, traurige, gedankenverlorene, generrte, ärgerliche, wütende, bedrohliche und absolut neutrale und die Patientin stellte fest, dass sie diese Unterschiede gar nicht bemerkte, sondern dass die Tatsache eines Blickkontaktes sie generell ängstlich oder wütend machte. Es kamen dann Erinnerungen an die Kindheit. Sie war Einzelkind und „Unfall" einer konfliktreichen Beziehung gewesen, meist sich selbst überlassen und wenn sich das Gesicht eines Elternteiles zeigte, hatte es meist etwas Bedrohliches oder Abwertendes zu bedeuten.*

Ich nahm die Patientin in meine Therapiegruppe, wo sie die verschiedensten Gesichtsausdrücke ihrer Gruppenmitglieder zu interpretieren lernte und die Gefühle erkannte, die sich in den Gesichtern ausdrückten. Diese Fähigkeit befreite sie von ihren Ängsten und Zornaffekten.

Für die weitere Entwicklung in den ersten Lebensjahren ist die Anregung der Empathie-Neurone also extrem wichtig. Oft nehmen die Kleinkinder ihr Training selbst in die Hand. Wer hat nicht schon mal erlebt, dass in einem Café, Restaurant oder einem öffentlichen Verkehrsmittel ein kleines Kind beginnt, einen unverfroren zu fixieren, zu taxieren, zu grimassieren, zu „flirten" und sich zu freuen, wenn Sie auf dieses Kommunikationsangebot eingehen? Und wie öd ist das, wenn eine Familie mit Kleinkind auftaucht und das Kind nichts von seiner Umgebung und seinen Mitmenschen wahrnimmt, weil es bloß auf Papas oder Mamas Smartphone schaut!

Wenn diese wichtigen Übungen zu Bindung und Kommunikation früh vernachlässigt werden, droht da ein partieller Autismus, eine teilweise Unfähigkeit zu kommunizieren, Beziehungen her zu stellen, aufrecht zu erhalten und zu nutzen?

Der Autor Michael Nast spricht von der „Generation Beziehungsunfähig" (016) und deutet an, dass gerade die junge Generation immer sozialgestörter wird und stellt scharfsinnig fest, dass "Handys, die unsere Kommunikation effizienter machen sollen, letztlich aber dazu führen, dass man sich schweigend gegenübersitzt und auf das Display starrt. Sie verhindern die Kommunikation, auf die es eigentlich ankommt. Das Menschliche kommt zu kurz."

Bedeutet dies den Weg in eine narzisstische Persönlichkeitsstörung, welche unfähig macht, sich in anderer Menschen Gefühle hinein zu versetzen?

Mit Narzissmus bezeichnen wir Psychotherapeuten das Verhalten eines Menschen, sich selbst so wichtig zu nehmen, dass ihre Partner oder Personen im nahen Umfeld benachteiligt werden.

Die weit verbreitete Unsitte, die schönsten Flecken dieser Erde mit einem Selfie abzubilden macht diese krankhafte Egozentrik eindrucksvoll deutlich. Selfies vor Attraktionen dienen heutzutage nur zur Selbstbestätigung und nicht etwa dazu, andere an der Schönheit der Orte teilhaben zu lassen. Der eigene Blick auf das eigentlich Reizvolle fehlt, es zählt nur der Blick in das taxierende Auge der Smartphone-Kamera und in Verlängerung die Likes der Community!

Somit wird eine Art virtuelle Pseudokommunikation gepflegt, die nur das Ziel der Selbstdarstellung erfüllt und in der Echtheit und Natürlichkeit nicht mehr gefragt sind. Facebook, Twitter, Instagram und Co beweisen dies. Selten wird die Wirklichkeit abgebildet, da die Smartphones alle schon mit integrierten Bildbearbeitungs-Apps ausgerüstet sind. Der ständigen Selbstoptimierung zum Trotz führt die Masse dieser Aktionen zu immer kürzerer Aufmerksamkeit und schließlich Desinteresse der Follower. Wie grausam ist diese Gesetzmäßigkeit in den „sozialen" Medien, die jeden schnell vergisst, der einen Tag lang nicht gepostet hat. Welcher Druck lastet auf den meist kindlichen und jugendlichen Usern?

Der enorme Druck, auch das kleinste Ereignis oder die allerletzte Performance mit dem Smartphone abzulichten führt zu teils skurrilen, teils auch gedankenlosen und Intimität verletzenden Aktionen. Musiker schauen während ihrer Darbietungen irritiert in tausende flimmernder Smartphones und fragen sich, ob überhaupt einer ihrer Musik zuhört.

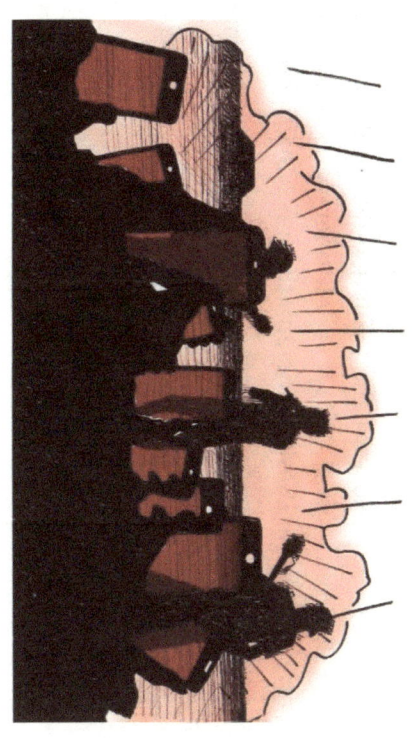

Verunfallte Verkehrsteilnehmer wachen blutüberströmt aus der Ohnmacht auf und blicken fassungs- und hilflos in ein Heer von videografierenden Smartphonegaffern, die zudem auch noch Sanitäter und Polizei behindern.

Mitgefühl, Einfühlungsvermögen, Pietät, Wertschätzung, Diskretion scheinen vielen Mitmenschen verloren gegangen zu sein. Einzig wichtig ist, möglichst viele "Likes" einzufahren, und dabei wird kein Tabubruch gescheut.

Um dieser Entwicklung entgegenzuwirken und das lebenswichtige Resonanzsystem der Empathie-Areale unseres Gehirns zu schulen und zu erhalten, brauchen wir – und das ganz besonders im Neugeborenen- und Kleinkindalter - Kontakt und Kommunikation mit anderen Personen, im Idealfall mit Mutter,

Vater, Geschwistern und Freunden, und zwar analog, nicht digital, also nicht mit einem Tablet oder Smartphone.

Denn wenn wir dieses System nicht möglichst früh und auch dauerhaft trainieren, verlieren wir wichtige Fähigkeiten wie unseren Sinn für Mitgefühl und echte Kommunikation, was weitere schwerwiegende Folgen für alle neuronalen d. h. nerven- und gehirnbezogenen und körperlichen Fähigkeiten mit sich bringt. "Use it or lose it!" (Nutze die Fähigkeit oder verliere sie!) sagen Forscher, die sich mit diesen Problematiken beschäftigen (017).

Um all das besser zu verstehen, sollten wir uns etwas näher mit unserem Gehirn beschäftigen.

Zusammengefasst:

Die Fähigkeit, nonverbale Signale in der Kommunikation wahrnehmen zu können und damit Empathie, Mitgefühl zu entwickeln, scheint zu schwinden. Hier werden offensichtlich die Empathie-Neurone nicht ausreichend trainiert. Das kann auf elementares Fehlverhalten in der frühen Kindesentwicklung schließen lassen, wenn in der Prägungszeit analoges elterliches Bindungsangebot durch digitale Ablenkung und Überfütterung ersetzt wird. Die Folge sind soziale Defizite, es wird krankhafter Narzissmus gefördert und auch Sucht.

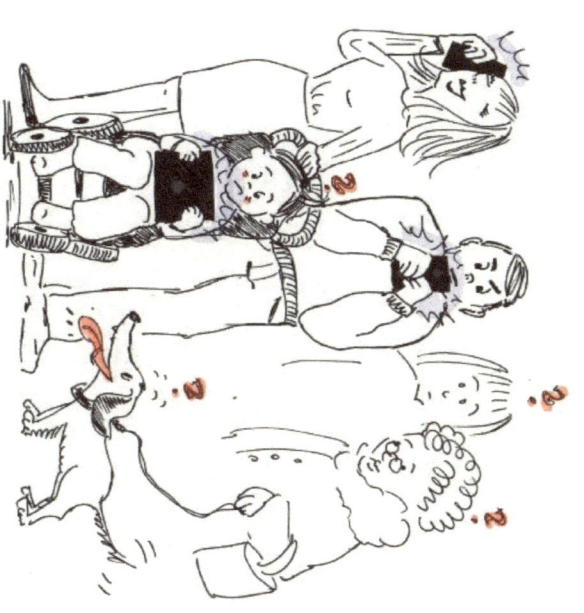

4. Unser Gehirn ist gigantisch

Unser Gehirn ist das wohl komplexeste Gebilde, welches wir uns vorstellen können. Es besteht aus über 80 Milliarden Nervenzellen (Neurone), und jedes dieser Neurone knüpft wiederum zu mehr als 10000 anderen Neuronen Verbindungen. Diese Kontaktstellen werden in der Fachsprache Synapsen genannt. Die Neurone sind umgeben von noch weitaus mehr sogenannten Gliazellen mit Ernährungs- und Abwehrfunktionen sowie einer Isolierfunktion, die Einfluss auf die Geschwindigkeit der Informationsübermittlung hat (018). Diese Informationen rasen als elektrische Impulse durch dieses gigantische Geflecht, und je nach Stärke der entsprechenden Isolation werden Geschwindigkeiten von über 100 Meter pro Sekunde erreicht. An den Synapsen erfolgt die Reizübertragung durch chemische Botenstoffe (Neurotransmitter: z.B. Serotonin, Dopamin, Acetylcholin, Glutamat), die in den Synapsenspalt ausgeschieden werden und im nächsten Neuron dann wieder einen elektrischen Reiz auslösen.

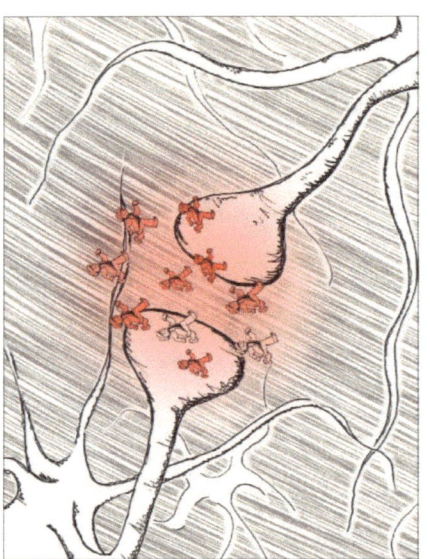

Diese Informationsweiterleitung spielt sich bei allen Reizen ab, die durch unsere Sinnesorgane dem Gehirn zugeführt werden

(Input), sowie bei allen Reizen, die unser Gehirn an die Ausführungsorgane der Peripherie sendet (Output). Außerdem natürlich bei allen Arbeits- und Koordinationsprozessen zwischen Gehirnteilen (z. B. unser Denken) (018;019).

Und unser Gehirn ruht nie (020). In diesem gigantischen Zellverbund finden ständig Prozesse statt, mit welchen wir uns und unsere Umwelt mittels unserer Sinnesorgane abbilden (repräsentieren) und speichern in sogenannten Repräsentationszonen und -geflechten, wobei ständig alle eingehenden Informationen ohne unser wissentliches Zutun auf Neues oder Wichtiges oder Lustbringendes oder Gefährliches überprüft werden, was dann blitzschnell zu neuen Verschaltungen (Synapsenbildungen) der Neurone führt und unter Umständen bekannte oder ganz neue Reaktionen auslöst.

Alle Informationen zum Beispiel, die über die Augen (das Sehen), die Ohren (das Hören), über den Tastsinn (das Fühlen), die Zunge (das Schmecken), die Riechkolben der Nase (das Riechen) sowie unser Innenohr (das Gleichgewichtsorgan) und die sogenannten Propriorezeptoren (Muskelspindeln), die den Spannungszustand der Muskeln und damit die Haltung des entsprechenden Körperteils erfassen) ans Gehirn gemeldet bzw. geleitet werden (Input), werden vom Gehirn erfasst, beurteilt und falls als wichtig erkannt, in Repräsentationszonen und -geflechten abgespeichert und mit anderen zuständigen Arealen vernetzt. Dies ist ein Prozess, den das Gehirn selbstständig ausführt, der für uns unbewusst abläuft. Wobei ein wiederholter Input zu erhöhter Informationsfluss oder ein wiederholter Input zu erhöhter Leitungsgeschwindigkeit und zu mehr Verschaltungen (Synapsenbildungen) verschiedener Neurone führen kann (021).

Mit anderen Worten: Mehr und wiederholter Input erweitert durch mehr Synapsenbildung die Schaltkreise und Repräsentationszonen und damit die Fähigkeiten unseres Gehirns. Das nutzen wir zum Beispiel beim konzentrierten Lernen. Genauso verhält es sich mit dem intensiven und wiederholten Nutzen des Outputs beim Üben, auf diese Weise lernen wir zum Beispiel Schreiben oder Fahrradfahren oder Schlittschuhlaufen. Das Gelernte (unser Wissen) wie auch das Erlernte (unser Können) wird in neuronalen Geflechten als Erinnerung oder Erfahrung oder als Fähigkeit verankert (022).

Seit langem ist der sogenannte Penfield'sche Homunkulus ein Begriff, der für die Repräsentationszonen der sensorischen (dem Tastsinn zugehörigen) und motorischen (den bewegungszugehörigen) Körperoberflächen auf der Gehirnoberfläche im beiderseitigen Scheitellappen abbildet. Dabei entsprechen die Größen der Repräsentationsareale der jeweiligen Summierung der sensiblen oder motorischen Fähigkeiten der jeweiligen Organe.

Das bedeutet, dass beispielsweise Zunge, Lippen und Händen überproportional mehr Areal zugeordnet ist als dem Rumpf oder den Beinen, weil sie weitaus sensibler und motorisch vielfältiger sind. Wer kennt nicht das Kinderspiel, bei dem eine Zahl auf den Rücken geschrieben wird und diese erst ab einer erheblichen Größe ertastet wird, wogegen auf Handrücken oder Handteller geschrieben selbst kleinste Zahlen erspürt werden können.

Lange wurde angenommen, dass dieses Konstrukt der Repräsentation und Verankerung von Informationen und Fähigkeiten des Gehirns genetisch festgelegt und damit statisch unveränderbar ist und höchstens im Alter abnimmt. Doch Erkenntnisse der letzten Jahrzehnte ergaben ein vollkommen anderes Bild von unserem Gehirn. So besitzen Neugeborene zunächst fast doppelt so viele Neurone wie später als Erwachsener. Abhängig vom Grad der Anregung und Nutzung bzw. der Vernachlässigung werden in den ersten Monaten fast 30 Prozent aussortiert bzw. gehen zu

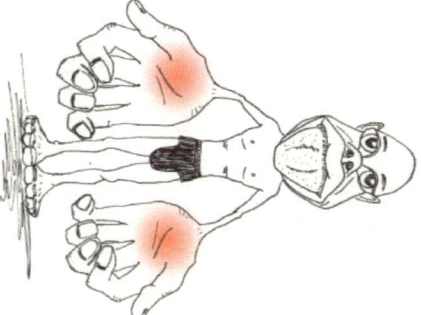

Grunde. Und der Zustand der verbliebenen Milliarden Neurone ist weiterhin einem ständigen Aufbau, Umbau und Abbau unterworfen (023). Trainiert ein Kind also bestimmte Fähigkeiten oder wiederholt sie ständig, so nehmen seine entsprechenden damit befassten Neuronenverbindungen (Synapsen) an Zahl und damit auch die Repräsentationsregionen an Größe zu (Erlernen des Schreibens, Sprechens, Fahrradfahrens etc.). Vernachlässigt es Fähigkeiten oder nutzt sie nicht, nehmen Anzahl der neuronalen Verbindungen und Größe der Areale ab (024). Mit anderen Worten: Nur genutzte Verschaltungen überleben und werden verstärkt, die ungenutzten verkümmern oder verschwinden (021). Und zwar ein Leben lang!

Beispielsweise nimmt der Tastsinn der Fingerspitzen bereits einen sehr großen Raum ein, doch dieser erweitert sich darüber hinaus bei einem Erblindeten, der die Blindenschrift erlernt. Trainiert jemand seine Beinmuskulatur, so nimmt die repräsentierte Fläche an Größe zu. Im Gegensatz dazu schrumpfen entsprechende Areale nach der Amputation einer Hand oder eines Armes. Dieses Prinzip lässt sich auf alle Fähigkeiten des Gehirns übertragen. Bei Musikern wachsen die mit Musik beschäftigten Areale, bei Taxifahrern der sogenannte Hippocampus, der für die Speicherung von Erinnerungen und damit auch für Orientierung zuständig ist (025).

Deutsche Forscher des Forschungszentrums *Deutscher Sprachatlas* der Universität Marburg fanden heraus, dass Menschen, die einen Sprachdialekt beherrschen, in sprachbezogenen Bereichen des Gehirns deutlich mehr Neurone besitzen (026). Für den positiven Trainingseffekt unseres Gehirnes ließen sich noch sehr viel weitere Beispiele aufführen.

Zusammengefasst:

Über 80 Milliarden Nervenzellen (Neurone) stehen jeweils mit zehntausenden anderer Neurone in Verbindung und bilden so ein gigantisches Geflecht zur Informations- und Funktionsspeicherung. Eine noch größere Anzahl von Gliazellen sorgt für die optimalen Arbeitsbedingungen und -geschwindigkeiten. Alle sinnlichen Eindrücke und Fähigkeiten werden im Gehirn in sogenannten Repräsentationsarealen und Schaltkreisen gespeichert. Je nach Beanspruchung werden diese Speicher erweitert oder geschrumpft. Das bedeutet: Mehr Training oder Beanspruchung einer geistigen oder körperlichen Fähigkeit oder Funktion bewirkt eine Erweiterung der Gehirnkapazität. Bei Vernachlässigung oder Nicht-Nutzung entsprechender Fähigkeiten und Funktionen droht der Abbau der Gehirnkapazität, der Neurone und ihrer Verbindungen. Es gilt also für alle Fähigkeiten unseres Gehirns der Leitspruch „Use it or loose it!"

5. Unser Gehirn ist wandelbar aber auch verwundbar

Mit dem verstärkten oder abflauenden Anforderungsprozess wächst oder schrumpft also die Anzahl der Synapsen und Verschaltungen, die ja die Grundlage für die Funktionsfähigkeit der Neurone und damit letztlich des Gehirns sind. Denken Sie an den bereits erwähnten Spruch „Use it or lose it"! Dieser Prozess des Gehirns wird Neuroplastizität genannt (024). Neue Anforderungen an Neuronengeflechte lassen neue Synapsen sprießen. Gezeigt haben Wissenschaftler dies am simplen Nervensystem einfacher Lebewesen wie dem der Fadenwürmer (027).

Die Plastizität unseres Gehirns funktioniert aber nicht nur im Guten, sondern Nichtnutzung und besonders Trauma- und Gewalterfahrungen hinterlassen leider auch ihre Spuren, wie auf der Neurologen- und Psychiatertagung im April 2016 referiert wurde (028). Die Erkenntnis "Funktion verändert Struktur und Struktur verändert Funktion" (029) bedeutet, dass fast all unsere Handlungen und Erlebnisse ihre Spuren im Gehirn hinterlassen. Unser Gehirn „frisiert" sich ständig selbst! Letzten Endes macht das Gehirn nichts anderes als das, was wir von anderen Körperteilen und -funktionen schon kennen:

Trainieren wir unsere Muskeln, so erstarken sie und die beteiligten Knochen nehmen an Festigkeit zu. Sind wir bewegungsfaul oder länger bettlägerig, dann schrumpfen unsere Muskeln und die Festigkeit der Knochen nimmt ab. Aus dem Grunde werden Operierte auch möglichst bald dazu angehalten, aus dem Bett aufzustehen. Alles folgt einem strengen Gesetz einer natürlichen Ökonomie: Gebrauchtes und benutztes Gewebe wird gestärkt, unbenutztes oder vernachlässigtes Gewebe atrophiert, wird abgebaut. Das zieht sich durch alle Altersstufen.

Und hier setzt meine Sorge an, wenn ich erlebe, wie übermäßige Nutzung digitaler Geräte zu Vermeidungsverhalten und Einseitigkeiten verleitet, die sich möglicherweise in Form von schleichendem Verlust vitaler Funktionen und Fähigkeiten auswirken. Für ähnliche Verlustprozesse gibt es Erkenntnisse aus verschiedenen Bereichen der Medizin.

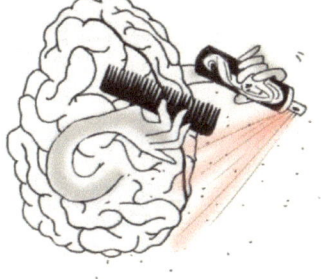

Neugeborene, die durch einen versteckten Schielfehler nur ein Auge zum Sehen benutzen, verlieren die Sehkraft des anderen Auges, wenn der Fehler nicht früh erkannt und behandelt wird. Obwohl das nicht benutzte Auge organisch völlig intakt ist, schrumpfen und veröden seine ungenutzten Sehareale im Gehirn. Wir sprechen hier von einem engen „Fenster des Sehsinnes" in den ersten drei Lebensjahren, in welchem ein Vermeiden von Sehschäden möglich ist. Durch wechselseitiges Abdecken der Augen (Occlusion) werden die Kinder gezwungen, beide Augen zu nutzen, bis der Schielfehler behoben werden kann. Senioren, die bei beginnender Schwerhörigkeit keine Hörgeräte benutzen, verlieren die Hörfähigkeit des Innenohres durch Veröden der zuständigen Hörareale in der Gehirnrinde. Es gibt sogar Vermutungen, dass dadurch Demenz gefördert wird (030).

So verfährt unser Gehirn also mit allen Fähigkeiten, die sich in Form von Neuronenverflechtungen und Repräsentationsarealen etabliert haben: Geruchssinn, Tastsinn, Schmecken, Sehen, Hören, Gleichgewicht, Empfinden, Erleben, Erfahren, also alles was Input bietet sowie körperliche Betätigung, Denken, Sprechen, Entscheiden und Handeln, alles was Output ausmacht.

Das Kind streicheln, es vis-a-vis anlächeln, ihm vorlesen, vorsingen, es auf den Arm nehmen und wiegen sind Impulse, die in der frühkindlichen Entwicklungszeit immens förderlich sind (031). Denn wichtig für das Kind ist, dass es möglichst Erfahrungen mit allen Sinnen macht, also zum Beispiel einen Apfel sieht, begreift, riecht, ihn beim Reinbeißen knacken hört, ihn schmeckt und plumpsen hört, wenn er ihm runterfällt. Dabei werden unendliche viele Synapsen geknüpft, die dem Kind den Apfel in seiner Komplexität in seinem Gehirn repräsentieren und verankern. Wischt es dagegen nur über ein Tablet mit der Abbildung eines Apfels, können Sie sich vorstellen, wie kümmerlich die Vernetzung im Gehirn des Kindes ausfällt, wie eindimensional es dort verschaltet wird. Fast zehn Jahre ist die Untersuchung her an

2000 fünfjährigen Kindern, die nach unterschiedlich langem Fernsehkonsum in Gruppen eingeteilt, einen Menschen zeichnen sollten (032). Sie können bei dieser Abbildung erraten, welche Zeichnungen von Kindern mit weniger als einer Stunde täglichem Fernsehkonsum und welche von Kindern mit mehr als drei Stunden stammen (004).

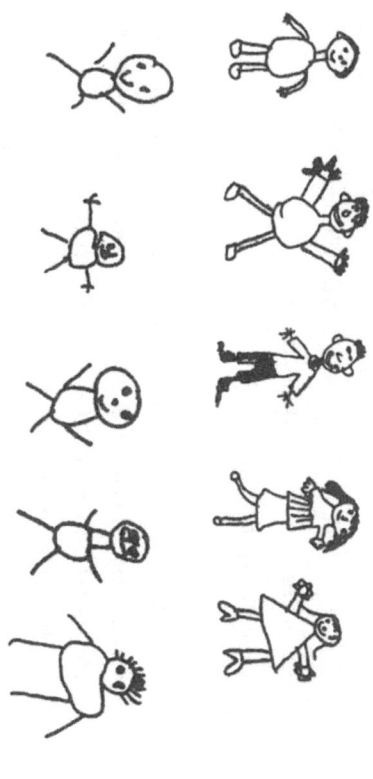

Dieser eindrucksvolle Beweis der defizitären Auswirkung übermäßigen Medienkonsums bei Kleinkindern, der meines Erachtens darauf zurück zu führen ist, dass sich von dem „Televisionsschwall" von Informationen keine einzige wirklich nachhaltig verankert hat, ist bisher leider ungehört verhallt, obwohl in vielen Ländern der Welt ähnliche Erfahrungen gemacht wurden (033; 034). Dabei gibt es ein paar einfache aber wichtige Verhaltensregeln für Eltern, wenn sie ihren kleinen Kindern TV-, Smartphone oder Tabletkonsum konstruktiv gestatten wollen (siehe Kapitel 16 und 20). Selbstverständlich geht von diesen bunten und vielseitig nutzbaren Geräten eine große Faszination auf Kinder und Jugendliche aus. Doch es besteht die Gefahr, dass sie süchtig danach werden.

Dies gilt es auch aus vorgenannten Gründen zu verhindern, zum Beispiel dadurch, dass Eltern Tablets und Smartphones nicht als Ersatz-Nanny zur Verfügung stellen, um selbst Ruhe vor ihren Kindern zu haben.

Die Entwicklung der sinnlichen Erfahrungen der Kinder wird heutzutage außerdem noch durch zweifelhafte pädagogische Einfälle gefährdet. Denken Sie nur an die kürzlich eingeführte Umstellung von Hand- auf Blockschrift, wobei auf die nötige Feinmotorik kein Wert mehr gelegt wird (032). Noch schlimmer wird es sein, wenn die Tastatur zum Schreiben eingeführt wird. Entstehen dabei vielfältige neuronale Verknüpfungen? Wohl kaum! (035).

Das Fatale ist, dass durch solche unüberlegten Maßnahmen erfahrungsgemäß die sowieso schon vorhandenen Unterschiede zwischen den sozialen Schichten noch vergrößert werden, statt dass sie zur Chancenangleichung führen. Die Neigung, Kinder digital zu beschäftigen bzw. ihren digitalen Konsum nicht zu überwachen, ist in den sozial benachteiligten Bevölkerungsschichten deutlich stärker verbreitet (003). Zu diesem Schluss kamen aktuell schwedische Pädagogikforscher, die sich mit dem frühkindlichen digitalen Konsum beschäftigen. In einer Studie des staatlichen Medienrates konnten sie zeigen, dass Kinder aus Familien mit niedrigem Einkommen weitaus länger vor Smartphone, PC oder Fernseher sitzen als in Elternhäusern mit höherem Einkommen (036), denn die apparative Ausstattung und der technische Zugang zu den digitalen Medien ist nach ihren Erkenntnissen nicht abhängig vom Geldbeutel (002). Kinder aus sozialen Problemschichten kommen leider häufig schon mit einem verminderten Startkapital an Fähigkeiten oder gar einem

Handikap auf die Welt. Das hängt nicht nur mit den verminderten finanziellen Möglichkeiten zusammen (037), sondern mehr noch mit dem sozial problematischen Umfeld und Verhalten in dieser Bevölkerungsgruppe, speziell auch während der Schwangerschaft und Neugeborenenzeit, welches wesentlichen Einfluss auf die Gehirnentwicklung der Kinder hat. In einer vielbeachteten Studie aus dem Jahr 2008 berichteten Forscher der Universität Greifswald in der „Deutschen Medizinischen Wochenschrift" über das Rauchverhalten schwangerer Frauen und zeigten einen Zusammenhang mit der Schulbildung und dem Alter der Schwangeren auf: Schwangere mit weniger als zehn Jahren Schulbildung stellten nur zu 30 Prozent das Rauchen für die Schwangerschaft ein, Frauen mit zehn Jahren Schulbildung taten dies zu 59 Prozent und Frauen mit mehr als zehn Jahren Schulbildung zu 84 Prozent. Schwangere, jünger als 25 Jahre, verzichteten zu 25 Prozent auf die Zigaretten, zwischen 25 und 30 Jahren Alter verzichteten zu 65 Prozent und die über 30jährigen zu 77 Prozent (038). Diesen Hang zu sorglosem oder schädlichem Verhalten abhängig von Schulbildung und Alter konnte ich in den 30 Jahren meiner Tätigkeit als Frauenarzt und Geburtshelfer immer wieder feststellen und ich vermute, dass sich dieses Verhalten auch nach Geburt des Kindes nicht ändert.

Als Folgen werden bei den betroffenen Kindern später bei der Einschulung schlechteres Schreibvermögen, Schlafmangel, Stress und Depressionen in deutlich größerem Ausmaß gefunden. Dies wurde bereits in weltweiten Untersuchungen in den 80er- und 90er-Jahren festgestellt. Die neuerliche Vielfalt digitaler Geräte und somit die Anzahl verschiedener an die Kinder transportierter Inhalte in Form einer massiven Reizüberflutung stellen ein zunehmendes Problem dar (034). Um sätzliches aktuell deutlich zunehmendes Problem dar (034). Um die Auswirkungen unterschiedlicher Verhaltensweisen auf die

Kindesentwicklungen zu verstehen, lassen Sie uns bitte zunächst einen Ausflug in das Gebiet unseres Erbgutes machen.

Zusammengefasst:

Die Neuroplastizität sorgt ein Leben lang für Wissens- und Fähigkeitserweiterung im positiven aber auch Wissens- und Fähigkeitsverlust im negativen Fall. Alle neuen Eindrücke und Erfahrungen, die vom Gehirn als wichtig, nützlich oder lustfördernd eingestuft werden, führen zu neuen Verschaltungen, die das Gehirn ohne unser Zutun und Bewusstsein selbst ausführt.

Bei Nicht-Nutzen neuronaler Areale aber droht möglicherweise ein Verkümmern der entsprechenden Fähigkeiten. Digitale Medien faszinieren besonders Kinder schnell, bergen aber die Gefahren allzu einseitiger und dennoch überschießender Eindrucks-vermittlung. Eine regulierende und fördernde Nutzung ist gerade in sozialen Problemschichten selten gegeben, daher ist das Gefährdungspotential dort besonders groß.

6. Unser Erbgut – die Gene

Die Anfangsgröße und Beschaffenheit der neuronalen Areale wird durch die genetische Ausstattung vererbt, aber schon in der Schwangerschaft und in den Prägungsjahren durch individuelle Umstände und Verhaltensweisen verändert (023). Denn auch unser Erbgut, unser Genom, mit seinen 23-25000 Genen ist kein statisches Gebilde. So gibt es allerneueste Erkenntnisse der sogenannten Epigenetik, dass auch die Gene des Menschen durch soziale, kulturelle und gesellschaftliche Einflüsse, ja sogar durch Verhaltens- und Ernährungseinflüsse verändert oder an- und abgeschaltet werden können. Nach Meinung des amerikanischen Forschers Gene E. Robinson ist das menschliche Genom „keinesfalls eine passive Blaupause, sondern reagiert lebenslang sehr empfindlich auf alle äußeren Einflüsse sowohl im positiven als auch im negativen" (039) .

Nur eine ungestörte Entwicklung in der Schwangerschaft wird die volle Entfaltung genetischer Anlagen garantieren. Die genetische Ausstattung eines Menschen kann noch so optimal sein, sie ist im Laufe der neun Monate Schwangerschaft sehr wesentlich abhängig von den vorherrschenden körperlichen Bedingungen und dem seelischen Befinden der Schwangeren sowie von ihrem Verhalten und den Umweltbedingungen, denen sie ausgesetzt ist.

Bekannt sind eine große Anzahl möglicher Störungen der Schwangerschaft und der Entwicklung des Ungeborenen durch bestehende oder erworbene Erkrankungen der Mutter (Diabetes, Nierenleiden, Blutgruppenunverträglichkeiten, Virusinfektionen, Toxoplasmose-Infektionen u.v.m.) oder Verhaltensfehler der Schwangeren wie Fehlernährung, Vitamin- und Spurenelementmangel (Folsäure, Jod, Omega-3-Säuren u.a.), Medikamenten-, Alkohol-, Drogen- oder Nikotinmissbrauch und schließlich durch

46

äußere Einflüsse wie Stress, Gewalterfahrung und soziale Isolierung.

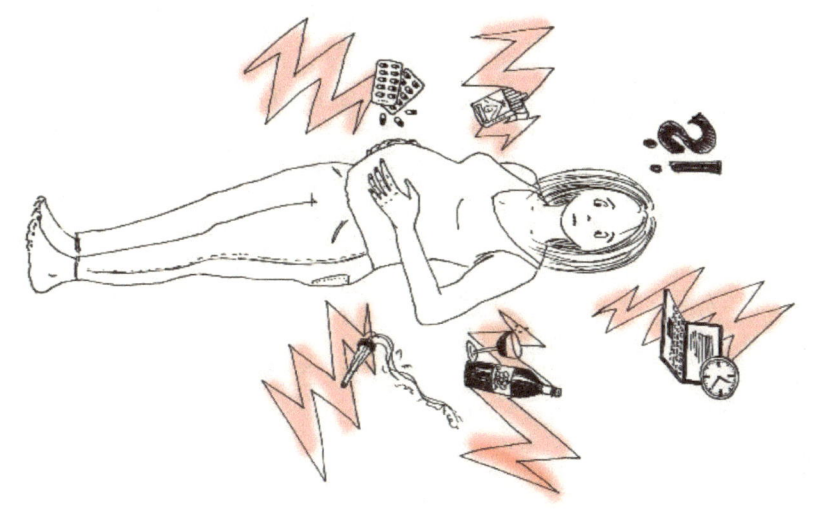

Gerade was die drei letzten Kriterien betrifft, gibt es spannende Erkenntnisse jüngster Forschung im Hinblick auf die spätere soziale Entwicklung von Gehirnen und daraus resultierenden Persönlichkeitsformen (040;023;041). Obwohl jedoch hierüber intensiv geforscht wird, befinden sich die Kenntnisse über die Auswirkungen aller möglichen Störfaktoren, speziell auch auf die Entwicklung des fetalen Gehirns, noch in den Anfängen.

Besser bekannt sind die oft dramatischen Folgen von Komplikationen, die bei der Entbindung durch mechanische Gewalteinwirkung oder Sauerstoffmangel auftreten können.

Es grenzt immer wieder an ein Wunder, wenn aus der Vereinigung einer Eizelle und eines Spermiums ein gesundes Menschenwesen mit einem intakten und so komplexen Nervensystem und Gehirn entsteht.

Nach dem Bremer Hirnforscher Gerhard Roth bestimmen die Gene und die Umstände der Gehirnentwicklung etwa 50 Prozent der späteren Persönlichkeit, vor allem seines Temperaments, seiner spezifischen Fähigkeiten und seines Intelligenzgrades. Weitere 30 Prozent schreibt Roth den vorgeburtlichen und frühen nachgeburtlichen affektiv-emotionalen Einflüssen zu, vor allem den Bindungserfahrungen zwischen Mutter und Kind. Die letzten 20 Prozent werden beeinflusst von den sozialen Erfahrungen der späteren Kindheit und Jugend. Der Forscher bemerkt hierzu noch, wie gering letzten Endes die Rolle kognitiv-intellektueller Fähigkeiten bei der Persönlichkeitsentwicklung ist (023).

Dies deckt sich mit den Erfahrungen in meiner tiefenpsychologischen Arbeit.

Das Gehirn ist in den ersten Lebensjahren, wenn seine Plastizität am größten ist und Millionen neue Neurone im Minutentakt entstehen und Milliarden Synapsen generiert werden, ganz besonders auf die prägende Kraft sinnesphysiologischer, emotionaler und körperlicher Angebote seiner Beziehungspersonen und seiner Umgebung angewiesen. Überdosierungen, Einseitigkeiten oder Mangel an Eindrücken können fatale Folgen haben. Das weist auf die große Verantwortung der Eltern aber auch der frühkindlichen Erzieher hin. Ein Delegieren dieser immens wichtigen Aufgabe an die „Nanny TV", ans Tablet oder Smartphone wird sich mit Gewissheit negativ auswirken.

Zusammengefasst:

Das Erbgut bietet eine umfassende Grundausstattung an Körper-, Fähigkeits- und Persönlichkeitsmerkmalen, die aber durch vielfältige sowohl fördernde als auch schädigende Einflüsse schon während der Schwangerschaft und vor allem in den Prägungsmonaten der ersten Lebensjahre sowohl positiv als auch negativ variiert werden können. Diese Einflüsse bestimmen also nicht nur die Ausformung der jeweiligen Persönlichkeit, sondern sie werden unter Umständen auch an spätere Generationen weitergereicht.

7. Die Arbeit unseres Gehirns oder Wie wir lernen

"Das Gehirn ist ein Speicher, in den, je mehr drin ist, umso mehr reingeht!" sagt Gehirnforscher Manfred Spitzer (022).

Unser beeindruckendes Denkorgan ruht im ganzen Leben nie, auch wenn es seinem Träger manchmal so erscheint. Es vernetzt sich permanent anders und erfindet sich alle Millisekunden neu, wenn es die entsprechenden Anregungen erhält (042). Selbst im Schlaf ist es mit selbstreinigenden und ordnenden Prozessen beschäftigt (020). Unser Gehirn ist also quasi nonstop in Aktion, um Neues und Gelerntes zu verarbeiten und zu ordnen, zu speichern und zu manifestieren oder eben zu überschreiten und auszusortieren – und dies alles von Geburt an. Kleinkinder reagieren besonders aufmerksam auf Neues. Je überraschender und neuer eine Situation ist, desto länger lassen sie sich davon fesseln. Darin liegt jedoch auch die besondere Gefahr der allzu frühen Nutzung digitaler Geräte, welche faktisch endlos neue überwiegend aber nur einseitig visuelle Reize bieten, was einerseits einen Suchteffekt auslösen kann und andererseits die Gefahr einer Reizüberflutung beinhaltet. Damit könnte die natürliche Neugierde und Konzentration eines Kleinkindes in eine fatale Fehlrichtung gelenkt werden.

Die Konzentration ist wichtig für einen erfolgreichen Lerneffekt, denn die so fokussierte Aufmerksamkeit fördert die neuronale Plastizität beim Erfassen von erwünschtem Wissen oder einer erstrebten Fähigkeit. Sie sorgt für die Erhaltung bestehender Synapsen und Schaltungen sowie für die Ausbildung neuer Synapsen, wie Experten des bewussten Lernens bestätigen (043). So führt die Intensität und Dauer der konzentrierten Beschäftigung zu einer schnelleren Reizübertragung. All das sind also wichtige Faktoren für die Fähigkeitsstabilisierung und -erweiterung des Gehirns (021; 022).

Entgegen der landläufigen Meinung wurde nun im Rahmen der Gehirnforschung eindeutig festgestellt, dass wir unsere Aufmerksamkeit nur auf eine Sache zur Zeit konzentrieren können. Die vielzitierte Fähigkeit des Multitasking, also des Verrichtens mehrerer Tätigkeiten zur gleichen Zeit, ist also ein Mythos. Zwar belasten sehr einfache oder eingeübte Aktivitäten unser Gehirn kaum und lassen sich daher mit komplizierteren kombinieren. Sie können zum Beispiel spazieren gehen, das ist einfach, und sich dabei unterhalten, das ist komplexer, aber schon das hat seine Grenzen. Sollten Sie beim Spaziergang stolpern und sich abfangen müssen, werden Sie das Gespräch unweigerlich unterbrechen.

Wer routiniert Auto fährt, kann sich dabei mühelos unterhalten, aber vor einer schwierigen Kreuzung oder Gefährdungssituation wird auch er das Gespräch abbrechen. Soll eine Aufgabe konzentriert zur Fähigkeits- oder Wissensverbesserung führen, also Synapsenbildung auslösen, dann ist Konzentration gefragt (044;045;046). (Denken Sie doch an Ihre ersten Fahrstunden zum Führerschein, da haben Sie sich sicherlich nicht sehr locker mit dem Fahrlehrer unterhalten).

Zum Neudeutsch genannten Multitasking, also der gleichzeitigen konzentrierten Verrichtung zweier oder mehrerer Dinge, ist unser Gehirn schlichtweg nicht in der Lage. Es täuscht uns das vor, indem es in Sekundenbruchteilen hin- und her oszilliert. Dieser Prozess ist nicht nur für das Gehirn sehr anstrengend, er verbraucht erheblich mehr Energie und ist weit weniger effektiv.

Das heißt, Multitasker sind in ihrer mentalen Leistungsfähigkeit Monotaskern deutlich unterlegen. "Echtes Multitasking ist nicht nur ein Mythos, sondern kann dem Denkvermögen sogar schaden und es kann sich als Kreativitätskiller erweisen" meinen Forscher, die sich damit befassen und haben das in vielen Studien eindeutig belegt (047).

Das ständige Glotzen auf das Smartphone zwingt unser Gehirn zum bereits erwähnten Multitasking, also dem höchst ineffizienten Hin- und Herwechseln unserer Aufmerksamkeit, bei dem kein klarer Fokus auf die eigentlichen auszuübenden Tätigkeiten gerichtet werden kann. Dies beansprucht den Denkapparat

eines Menschen in hohem Maße und führt schnell zu Erschöpfungszuständen. Außerdem birgt dies große Gefahren. Deshalb ist es mittlerweile bei Strafe verboten, beim Autofahren zu telefonieren oder zu texten. Dennoch kümmern sich erschreckend wenige Autofahrer darum, wie eine Studie der Technischen Hochschule Braunschweig jetzt feststellte: viereinhalb Prozent von 12000 beobachteten Autofahrern hantierten mit ihrem Handy, um z. B. Nachrichten auf WhatsApp zu lesen oder SMS zu schreiben (048). Ein LKW-Fahrer nahe Hannover fuhr ungebremst in ein Stauende, weil er unmittelbar vorher etwas über sein Handy gepostet hatte. Zwei Menschen kamen ums Leben (049). Aufmerksame Leser der Tageszeitungen werden immer wieder Berichte finden, in denen von Autounfällen berichtet wird, wo Autofahrer ohne ersichtlichen Grund – oft auf freier Strecke bei normalen Sichtverhältnissen – von der Straße abgekommen sind oder unangemessen spät auf harmlose Ereignisse reagiert haben. Der Verdacht liegt nahe, dass hier oft eine Ablenkung durch das Smartphone ursächlich verantwortlich ist. Das Schreiben einer Textnachricht während des Autofahrens bringt unser Gehirn „ins Schleudern", wie eine allerneueste Forschungsarbeit aus den USA zeigt (051).

Jetzt hat die neue niedersächsische Regierung – einmalig in Deutschland – eine großflächige Studie in Auftrag gegeben, welche die Ablenkung im Straßenverkehr durch Handys untersuchen soll. Ich halte das für so wichtig, dass ich die entsprechende Pressemitteilung des Innenministeriums hier abbilde:

Ablenkung durch Handys im Straßenverkehr: Niedersächsisches Innenministerium startet großflächige Studie

54

PISTORIUS: „WIR MÜSSEN DRINGEND MEHR ÜBER DIE UNFALLURSACHE HANDY ERFAHREN!"

Es ist nur ein kurzer Blick aufs Display des Handys, doch im Straßenverkehr kann diese kurze Zeitspanne den Unterschied zwischen Leben und Tod bedeuten. Obwohl täglich unzählige Autofahrer, Fußgänger oder Radfahrer im laufenden Straßenverkehr den Blick aufs Handy im wahrsten Sinne des Wortes „riskieren", gibt es noch viele Ansätze, um die Unfallursache „Handynutzung" tiefergehend zu untersuchen. Deswegen werden seit dem 1. Januar 2018 in einer einjährigen Untersuchung in den Polizeidirektionen Braunschweig, Hannover und Osnabrück Verkehrsunfälle gründlich analysiert, bei denen vermutet wird, dass Ablenkung die Unfallursache sein könnte.

Aktuell liegen bundesweit erstaunlicherweise noch keine auswertbaren polizeilichen Daten zur Verkehrsunfallanalyse vor, die die Kausalität zwischen der Nutzung von mobilen Endgeräten für Verkehrsunfälle nachweisen. Dies hängt vor allem damit zusammen, dass die rechtlichen Möglichkeiten zur Aufklärung dieser Verkehrsunfallursache auf schwere Verkehrsunfallfolgen begrenzt sind und derzeit in den polizeilichen Vorgangsbearbeitungssystemen die Ursache „Ablenkung" nicht erfasst wird. Dazu der niedersächsische Minister für Inneres und Sport, Boris Pistorius: „Egal ob am Steuer, auf dem Rad oder als Fußgänger – fast jeder Verkehrsteilnehmer ist per Smartphone immer erreichbar. Aber natürlich führt das auch dazu, dass auch mal aus Reflex oder weil man es schlichtweg für wichtig hält, aufs Display und nicht auf die Straße gesehen wird. Leider kann das im schlimmsten Fall auch zu tödlichen Unfällen führen. Ein Beispiel: Wer bei Tempo 100 auf der Landstraße nur zwei Sekunden auf sein Smartphone sieht, fliegt fast 60 Meter im Blindflug über die Straße – eine Strecke auf der unheimlich viel passieren kann. Mit unserer Untersuchung in mehreren Bereichen

Niedersachsens wollen wir noch mehr über dieses Phänomen erfahren, auch um alle Verkehrsteilnehmer durch passgenaue Maßnahmen besser schützen zu können. Grundsätzlich gilt aber schon jetzt: Kopf hoch. Das Smartphone hat im Straßenverkehr nichts zu suchen!"

Zur weiteren Erforschung der Unfallursache „Handynutzung" stehen der Polizei verschiedene Maßnahmen, wie z.B. die Durchsuchung von Unfallfahrzeugen, Sicherstellung oder Beschlagnahme von aufgefundenen Mobiltelefonen und das anschließende Auslesen zur Verfügung. An der einjährigen Untersuchung wirkt die Technische Universität Braunschweig durch eine begleitende Beobachtungsstudie in den Verkehrsräumen in Braunschweig und in Hannover mit. Dabei wird in unmittelbarer zeitlicher Nähe zu Verkehrsunfällen mit hohem Sachschaden und Personenschäden an vergleichbaren Örtlichkeiten das Verhalten der Verkehrsteilnehmer durch Studenten der Technischen Universität Braunschweig beobachtet, um damit die Rolle von Ablenkung bei der Unfallverursachung besser zu verstehen. Ergänzt wird dies durch Untersuchungen der Verkehrsunfallforschung der Medizinischen Hochschule Hannover, die Unfallbeteiligte in einem anonymisierten Verfahren zum Unfallhergang befragt.

Die Untersuchung hat das Ziel, eine valide Datenbasis für die polizeiliche Verkehrssicherheitsarbeit in Niedersachsen zu schaffen. Daraus erhoffen sich die Fachleute für Verkehrssicherheit im niedersächsischen Innenministerium möglichst weiterführende Ansätze zur zielgerichteten Verkehrsunfallprävention, zur Aufnahme und Bearbeitung von Verkehrsunfällen sowie zur Verkehrsüberwachung.

Es ist nur zu hoffen, dass diese Studie schnell zu sicheren Erkenntnissen führt und sich in gesetzlichen und erzieherischen Maßnahmen niederschlägt.

Noch tragischer war der Eisenbahnunfall bei Bad Aibling, bei dem elf Menschen ihr Leben verloren und über 80 zum Teil schwer verletzt wurden, weil der zuständige Fahrdienstleiter durch ein Spiel auf seinem Smartphone von seiner verantwortungsvollen Arbeit abgelenkt war (050). Da beruhigt es wenig, wenn nach schweren Unfällen durch das Auslesen des Smartphones wenigstens die Ursache und somit die Schuldfrage geklärt werden kann.

Unfälle von Smartphone nutzenden Fußgängern nehmen ebenfalls zu. Unlängst wurde in Augsburg ein junges Mädchen, das auf ihrem Handy eine Nachricht las und Ohrstöpsel trug, von der Straßenbahn erfasst und zu Tode geschleift (052). In unserem Städtchen Peine fuhr ein junges Mädchen ungebremst mit ihrem Fahrrad auf ein parkendes Auto auf, wurde durch die Heckscheibe geschleudert und verletzte sich schwer. In den Medien mehrten sich vor einiger Zeit Nachrichten über verunglückende oder zumindest sich auf Fuß oder im Auto, Unfälle verursachten. Glücklicherweise ist Pokemon inzwischen wieder "out". Doch was erwartet uns als nächstes?

Youtube ist voll von schadenfrohen Dokumentationen verunglückender Smartphone-Fußgänger (053). Ist das wirklich zum Lachen? Oder zeigt sich hier eine weitere Auswirkung digitaler anonymer narzisstischer Schadenfreude?

Wie hilflos und skurril muten da die Reaktionen betroffener Behörden und Gemeinden an. In Augsburg und Köln hat man unlängst in Uninähe Ampellichter in den Gehsteig versenkt, in der Hoffnung, dass diese von Smartphone-Nutzern eher gesehen werden. In China und auch in Washington/USA soll es schon speziell geregelte Fußsteige für Smartphone-Nutzer geben, damit diese nicht mit Radfahrern und anderen Verkehrsteilnehmern kollidieren. In Japan wurde eine Funktions-App entwickelt, die das Handy abschaltet, wenn es beim Gehen Erschütterungen registriert. Es erscheint dann auf dem Display ein Warnhinweis: „Es ist gefährlich, beim Gehen das Handy zu benutzen!" (054). Manche Behörden greifen aus der Not zu sehr drastischen Mitteln: Sehr aufwühlend ist beispielsweise der *Videoclip* der Polizei Lausanne, der zumindest bei Youtube Rekorde einfährt (055).

Zusammengefasst:

Unser Gehirn ist immer aktiv, vernetzt sich alle Millisekunden neu, schafft neue Gestaltungs- und Fähigkeitsareale, baut aber auch ungenutzte ab. Die Gehirne von Kleinkindern sind besonders auf das Erfassen von Neuem fokussiert und daher der Gefahr des digitalen „Endlos-Angebotes" schutzlos ausgeliefert, wenn nicht aufmerksame Eltern deren Konsum Grenzen setzen. Für eine effektive Verankerung aufgenommenen Wissens oder nutzbarer Fähigkeiten bedarf es jedoch der Konzentration! Konzentration auf zwei verschiedene Angebote in Form von Multitasking ist nicht nur unmöglich, sondern auch schädlich, davon zeugen zahlreiche Berichte aus Zeitungen und Internet.

8. Unser Gehirn handelt gern selbst!

Unser Gehirn, dieses milliardenfache unglaubliche Neuronenflechtwerk mag eigentlich gar nicht, dass wir etwas bewusst oder gar willentlich ausüben, denn es will selbst bestimmen und tut dies auch in über 90 Prozent all unserer täglichen Aktionen.

Wir sind davon überzeugt, dass wir einen Willen haben, müssen jedoch auf Grund neuester Gehirnforschungsergebnisse lernen, dass, wenn wir meinen, willentlich einen Entschluss gefasst zu haben, unser Gehirn schon etliche Millisekunden zuvor bestimmt hat, zu was wir uns entscheiden werden (056;057). Das finden wir befremdlich, es macht aber als Überlebensstrategie Sinn und zwar immer besonders dann, wenn es um blitzschnelle unter Umständen lebensrettende Reaktionen oder um sich ständig wiederholende Handlungen oder Fähigkeiten geht. Dabei greift das Gehirn auf die unendliche Fülle aller gespeicherten Erfahrungen und Lernprozesse zurück. Diese sind überwiegend in nicht bewusst zugänglichen „Schubladen" verwahrt und der Zugriff sowie die Mischung als auch die emotionale Färbung (ob mit Angst, Schmerz, Freude, Lust besetzt) des Vorgeholten wird durch ein Aktivitätsgeflecht des Gehirns kontrolliert und manipuliert.

Dieser Funktionsbereich, der Limbisches System genannt wird, steuert mit vielen Unterabteilungen wichtige lebenserhaltende Arbeitsprozesse und bewertet zudem unser Verhalten als positiv, also zu wiederholen, oder negativ, also in Zukunft zu vermeiden, ohne dass uns dies bewusstwird (023). So wird es unserem Organismus möglich, uns den ständig wechselnden Bedingungen unserer natürlichen und sozialen Umwelt anzupassen.

In der untersten der drei Ebenen reguliert das Limbische System elementare vitale Funktionen für Fluchtverhalten, Erregung, Verteidigung, Stressregulation sowie emotionale Zustände wie Wut, Zorn, Freude und Trauer und Zustände, welche auch eine der wichtigsten Eigenschaften unserer Persönlichkeit bestimmen, nämlich unser Temperament. Dieses kann zwar genetisch vermittelt aber schon in der Schwangerschaft durch unterschiedliche Erfahrungen beeinflusst werden.

Der mittleren limbischen Ebene schreibt man die emotionale Konditionierung und Prägung zu, die eine Folge der frühkindlichen Bindungserfahrungen ist. Hier findet auch die kindliche Differenzierung zwischen Selbst und Anderen statt, stark beeinflusst durch erste Bindungs- und Belohnungserfahrungen, welche im ungünstigen Fall zu egozentrischen Belohnungserwartungen und problematischer Persönlichkeitsentwicklung führen können. Auch diese Entwicklungsschritte werden nicht erinnerungsfähig verankert und schotten sich gegen weitere Erfahrungen ab (023). Erst in der oberen limbischen Ebene rücken Gefühle und Motivationen ins Bewusstsein, als Ergebnis und Grundlage von Erziehung und Sozialisation. Hier finden wir die Fähigkeit zur Impulshemmung und Belohnungsaufschub (siehe auch unter Marshmellow-Test) (058), zu Frustrationstoleranz und Empathie, der Möglichkeit des Abwägens und des „sich seiner Selbst bewusst zu sein".

Dieses „Selbst-Bewusstsein" ist ein Teil dessen, was wir als Metakognition bezeichnen und wahrscheinlich nur wir Menschen beherrschen, nämlich das Denken über unser Denken auch im Sinne des Philosophen Immanuel Kant (059) und dazu müssen wir „bei uns sein", uns unserer Selbst bewusst sein.

Dieses Kontroll-Bewusstsein ist vorn im Stirnhirnlappen lokalisiert und ermöglicht uns rationales Verhalten, langfristige Planung und ethisch-moralisches Abwägen. Das Problem ist nur, dass diese Frontalhirnregion erst spät im dritten Lebensjahrzehnt ausgereift ist (021), zu spät also, falls das Gehirn vorher schon durch digitale Reizüberflutung Suchtcharakter entwickelt hat und den in diesem Falle ja noch kindlichen User zum Opfer oder zur Marionette seiner autarken und damit unbewussten limbischen Steuerungsmechanismen gemacht hat.

In dieser oberen limbischen Ebene verankert sich der Einfluss weiterer Bezugspersonen wie Erzieher, Lehrer, Freunde und Bekannte über den Kreis der primär verantwortlichen Eltern und Familienmitglieder hinaus.

Tatsache ist, dass all unsere Entscheidungen millisekundenschnell durch die "Mühle" dieser drei Ebenen laufen, die sie filtern, biegen, manipulieren und formulieren, ohne dass wir auch nur die geringste Ahnung davon haben.

Viele „Köche aus der limbischen Küche rühren also in unserem Entscheidungsbrei" und in dieses „Entscheidungs-Menue" funken weitere Systeme hinein, die mit Stressverarbeitung, Beruhigung, Bewertung und Belohnung, Impulshemmung, Bindung und Realitätssinn sowie Risikobewertung zu tun haben. Besonders das Belohnungssystem beherrscht unser Handeln extrem. Hierbei wird unser Gehirn immer dann mit dem Botenstoff Dopamin durchflutet, wenn aus einem Erleben oder Handeln ein Glücksgefühl oder ein Profit entsteht. Das Dopamin sorgt für die Ausschüttung von körpereigenen Lusthormonen (Endorphine und Opioide, das sind opiumartige Stoffe), die dann das Glücksgefühl auslösen. Wir kennen das bei einem leckeren Essen, beim Naschen, bei Erfolgen im Sport, in der Sexualität, bei einem Lottogewinn, wenn wir gelobt werden und in vielen ähnlichen Situationen. Dabei entsteht automatisch das Verlangen nach mehr oder nach Wiederholung. Die Stoffe durchfluten das Gehirn schon in der Erwartung der Belohnung. Das ist natürlich ein wichtiger Prozess für unsere Motivation, immer mehr zu bekommen, immer besser zu werden, den immer größeren Kick zu suchen. Im ungünstigen Fall aber ist dieser Prozess allerdings auch verantwortlich für Suchtentstehung (060). Forscher nennen dieses System auch das „Kleine Kind" unserer neuronalen Entscheidungsinitiatoren, infantil und unreflektiert, verankert nur im Hier und Jetzt. So hat eine neuere Forschungsarbeit aus der Harvard Universität nachgewiesen, dass auch die Verbreitung von eigenen intimen Daten dieses Belohnungssystem anregt. Das erklärt das suchtartige Zurschaustellen von persönlichen Informationen in den sozialen Netzwerken und den verbreiteten Drang zur Selbstdarstellung überhaupt (061). Zusätzlich stimuliert wird dieses System durch die vielen „Likes" und

Zustimmungen unserer Postings. Durch dieses Belohnungssystem werden wir also unbewusst häufig zu Dingen manipuliert und motiviert, die wir im Nachherein, wenn wir das Selbst-Bewusstsein einschalten, als peinlich, fehlerhaft oder nicht zielführend entlarven.

Die einzige wirkliche Chance zu willentlichem Handeln funktioniert also nur über unser Selbst-Bewusstsein und dem daraus entstehenden Planen und Abwägen verschiedener Handlungsoptionen: "Wenn ich das mache, geschieht das, wenn ich jenes manche, muss ich solches befürchten". Das ist natürlich bei weitem nicht so schnell wie eine unbewusste, blitzschnelle autarke Reaktion des Gehirns aus dem Unbewussten gezückt.

Zusammmengefasst:

Die menschliche Persönlichkeit wird aus der genetischen Grundlage und der Summe der bewusst und unbewusst gemachten Erfahrungen geformt. All unsere Entscheidungen und Gedanken sind beeinflusst von unbewussten Erfahrungswerten aus den Speichern unseres Gehirns, emotional gefärbt durch das sogenannte Limbische System, gebahnt von Belohnungsgefühl im Motivationsfall und gebremst durch das Gefühl der Angst im Gefahrenfall. Teile des Gehirns, die diese emotionalen Machzentren mit Rationalität, Planung und ethisch-moralischem Abwägen kontrollieren, reifen erst im dritten Lebensjahrzehnt (bei manchen Persönlichkeiten noch später). Das erklärt den emotionsgesteuerten und suchtanfälligen Egoismus vieler kleiner Kinder und die chaotische Reifungsphase manches Jugendlichen in der Pubertät.

9. Die Gefahren digitaler Medien

Durch all das zuvor Gesagte werden Sie nun vielleicht gut nachvollziehen können, dass es ganz wesentlicher Einflüsse und Notwendigkeiten bedarf, um einem Kind die Entwicklung zu einer stabilen und selbstwertigen Persönlichkeit zu verhelfen und sein mitgegebenes genetisches Material nicht nur nicht zu gefährden, sondern optimal zu fördern und zu entwickeln. Die wichtigste Rolle in diesem Prozess spielen die Eltern und die frühen Beziehungspersonen wie Großeltern, Geschwister, Erzieher und Lehrer. Leider haben all diese Personen heutzutage mit digitalen Problemen zu kämpfen.

Beginnen wir im Elternhaus. Die Leiterin der Bundeskonferenz für Onlineberatung Frau Große Perdekamp stellte fest: "Wer ständig 'on´ ist, kann bei der Face-to-Face-Kommunikation nicht richtig anwesend sein!" (062).

Mit anderen Worten: Eltern, die sich mehr um ihr Smartphone kümmern als um ihr Kind, können dadurch möglicherweise für die ersten schwerwiegenden Fehlentwicklungen ihres Nachwuchses sorgen. Diese entstehen zum einen häufig durch defizitäre Bindungserfahrungen und zum anderen durch den unweigerlich entstehenden Nachahmungsdrang der Kinder. Bei Kindern und Jugendlichen ist die Suchtgefahr auf Grund neuronaler Unreife besonders groß und die selbstkritische Haltung zum Umgang und Umfang der Nutzung besonders gering. Vernachlässigte Kinder versuchen oft verzweifelt, sich bemerkbar zu machen und entwickeln dafür in dieser Not Verhaltensstörungen, die dazu führen könnten, dass sie mit der Diagnose ADHS (Aufmerksamkeit Defizit Hyperaktivität Störung) endgültig abgestempelt und mit Pharmadrogen ruhiggestellt werden. Besonders gefährdet sind Kinder Alleinerziehender, wenn keine ausgleichende Beziehungsperson vorhanden ist.

Auch hier möchte ich von einem Fall aus meiner Praxis berichten: *Die suchtartige Beschäftigung einer 22jährigen Mutter eines zweijährigen Sohnes mit ihrem Smartphone führte dazu, dass der Sohn sich gänzlich dem Vater zuwandte, nur noch von ihm versorgt, gefüttert und zu Bett gebracht werden wollte. Die Mutter durfte ihn schließlich nicht mal mehr berühren. Sie litt einerseits sehr darunter, war andererseits aber uneinsichtig, was die Ursache der Ablehnung ihres Sohnes betraf, sondern schob die Schuld auf den Vater, der sich zwischen sie und ihr Kind drängen würde. Diese Eskalation führte zu einer Eltekrise und zu beruflichen Problemen des Vaters, die sich nur in einer Familienkonferenz und längerer Smartphone-Abstinenz der jungen Mutter abmildern ließen. Zu vermuten ist, dass die Beziehungsstörung zwischen Mutter und Sohn sich nie ganz wird beheben lassen.*

Kinder aus Familien mit sozial niedrigem Status sind durch geringes Selbststeuerungspotential besonders gefährdet, wie eine aktuelle schwedische Studie nachweist (036). Die Eltern sind zumeist überfordert oder desinteressiert und geben keine Regeln zur Nutzung von Computerspielen oder Smartphone vor, wie auch eine allerneueste Studie der DAK feststellt (063). In 51 Prozent der Familien erhalten Kinder keine Internet-Nutzungsregeln (064).

Es gibt in einigen asiatischen Ländern und den USA schon bedenkliche Initiativen und Produkte, die aus der Sorge der Erziehungsberechtigten um ihren Nachwuchs Profit schlagen: Ein gutes Beispiel hierfür ist die sogenannte "Abhör-Barbie" (siehe unter Begriffserklärungen) für überbesorgte sogenannte

68

„Helikopter-Eltern". Für solche Erziehungsberechtigten, die über wenig Zeit oder Lust verfügen, sich mit ihren Kindern zu beschäftigen, reichen die Angebote von Halterungen für Tablets an Kinderstühlen und -wagen bis hin zu angeblich kleinkindgerechten Tablets und PCs.

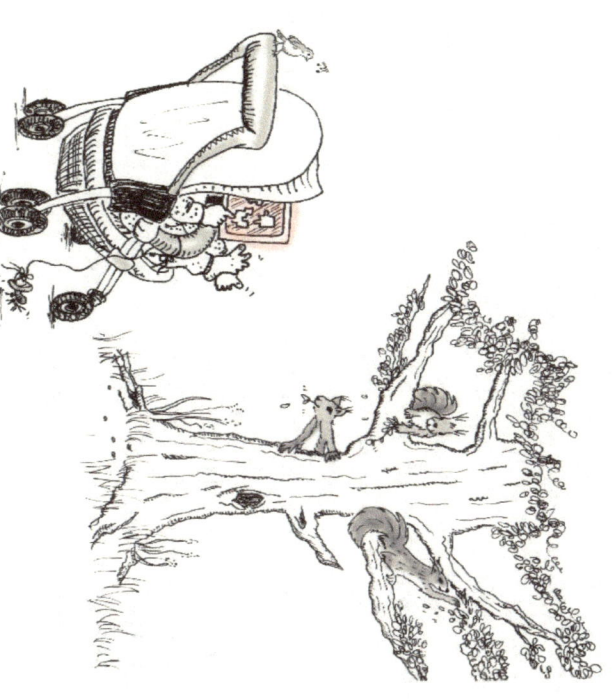

Hier werden Methoden an den unschuldigen Jüngsten in der empfindlichsten neuronalen Entwicklungsphase unkritisch ausprobiert und eingesetzt. Gehirnforscher Manfred Spitzer vergleicht dies mit der Anwendung von Medikamenten, deren Nebenwirkungen bei Kleinkindern noch gar nicht erforscht sind. Oder, was noch verantwortungsloser wäre, mit welchen, die sogar als schädlich bekannt sind (004).

Wachsame Medien berichten auf Grund neuerer Untersuchungen von zunehmender Belastung von Kindern und Jugendlichen in Form von Stress, Konzentrations- und Schlafstörungen. Kein Wunder, denn 55 Prozent der achtjährigen Kinder sind bereits online (002). Wie eine DAK-Studie herausfand, gab jedes vierte Kind an, durch den Kommunikationsdruck des Smartphones gestresst zu sein. Außerdem sind acht Prozent der acht- bis vierzehnjährigen Nutzer suchtgefährdet (065;066). Nach der Studie einer britischen Marketingagentur schauen Nutzer durchschnittlich pro Woche 1500mal, das heißt täglich 214 mal, auf ihr Smartphone (067). Das sind täglich etwa drei Stunden und 20 Minuten. Ich gehe davon aus, dass diese Zahlen bei einigen Jugendlichen noch höher ausfallen, vor allem wenn bereits der Faktor Sucht im Spiel ist. Und es übertrifft bei weitem die Ergebnisse alter Studien, die vor Jahren die Gefahren digitaler Medien heraufbeschworen haben (033). Positiverweise gibt es auch kritische Pressestimmen, die berichten, wie fatal und gefährlich zudem die Neigung ist, das eigene Innere nach außen zu kehren, also intime Daten in irgendwelchen Foren von sich preis zu geben. Diese unüberlegte Offenheit hat vielfach zu zweifelhaften Kontakten, zu Kränkungen, Mobbing oder gar Stalking geführt und so manchen jugendlichen User bis in den Selbstmord getrieben.

Das gefährliche und asoziale Verhalten sogenannter Stalker und Hater (von Englisch „to hate" = hassen) wird natürlich gefördert durch die mögliche Anonymität im Netz, die es leichter macht, jemanden zu kränken, zu beschimpfen und zu bedrohen, als wenn man der jeweiligen Person Aug in Aug gegenüberstünde. Hier zeigt sich eine hässliche, asoziale oder gar kriminelle Variante eines Cybernarzissmus! Ich möchte den Gedanken an all die schädlichen Einflüsse und Angebote des Internets hier nur am Rande erwähnen, doch ich meine, dass Manfred Spitzer zu Recht vom Internet als den größten Rotlichtbezirk der Welt mit Sex, Gewalt, Abzocke und Verbrechen spricht (004).

Das besonders bedenkliche Phänomen des Unfallvoyeurismus, also das Fotografieren oder Videografieren bei Unfällen oder Katastrophen, wobei häufig die Helfer von Polizei, Feuerwehr und Rettungswesen bei ihrer lebensrettenden Arbeit behindert werden, scheint für einige Jugendliche zu einer Art

71

Sport geworden zu sein, bei dem gewetteifert wird, wer das „geilste" sprich: brutalste oder krasseste Material ins Netz gepostet hat. Hier tragen die Medien, die solche Bilder und Videos von den Usern erwerben, sicherlich eine Mitverantwortung. Zu Recht soll diese indiskrete „Gaffergier" demnächst juristisch verfolgt werden, denn sie verletzt die Persönlichkeitsrechte von zu Schaden gekommenen Menschen in unerträglicher Weise.

Es stellt sich generell die Frage, was wir mit all diesen Informationen und Eindrücken anfangen, die geknipst, gepostet oder kopiert werden. Sind sie überhaupt nötig und wichtig oder „verstopfen" sie nur unsere Gehirne, so dass wir von unserer Umwelt, den Menschen um uns herum und dem was wir eigentlich tun oder fühlen, sehen oder lernen wollen, abgelenkt sind?

72

Ein Forscherteam in den USA sieht in diesem zunehmenden Trend des aufgezwungenen Multitasking sogar die Gefahr der Erkrankung an Pseudo-ADS (Pseudo-Aufmerksamkeitsdefizit). Solch Betroffene gieren pausenlos nach neuen Informationen und sind nicht mehr im Stande, sich auf wenige Inhalte zu konzentrieren (068). Auch für die Angst, irgendetwas zu verpassen, gibt es schon den Begriff: FoMo (englisch: fear of missing out). Überwiegend Jugendliche leiden unter dieser neuen Angst, ja nichts im Netz zu verpassen. Rund um die Uhr werden Smartphone und PC nach News und Apps gecheckt (069), wie schon gesagt bis zu mehr als 200mal am Tag.

Noch schlimmer quält die Nomophobie (englisch: no mobil phone phobie), also die Angst, kein Smartphone zur Hand zu haben oder eines mit leerem Akku. Medien berichten schon von tätlichen Angriffen Jugendlicher auf ihre Eltern, wenn diese aus erzieherischen Gründen das Smartphone wegschließen wollten. So hat unlängst ein 11jähriges Mädchen ihre Mutter mit einem Küchenmesser bedroht, als diese ihr das Handy abnehmen wollte (070). In China hat sich ein Elfjähriger aus Wut über eine gleiche Aktion seines Vaters ein Zeigefingerendglied abgetrennt (071). Ein 15jähriger Schüler in Niedersachsen hat seinen Lehrer fast erwürgt, nachdem dieser das Smartphone des Jungen eingezogen hatte. Überall mehren sich die Zeichen affektiver Kontrollverluste Jugendlicher im Zusammenhang mit digitalen Medien. Natürlich wird das gefördert, wenn Eltern selbst im Banne der digitalen Medien ihre Kinder aus dem Blick verlieren oder als schlechte Vorbilder zur Nachahmung animieren. Dass dieses Verhalten in sozial benachteiligten Schichten besonders häufig ist und die Kinder hier darüber hinaus durch geringes Selbststeuerungspotential besonders gefährdet sind, darüber herrscht Einigkeit unter Experten.

Die Mobile-Phone-Sucht führt immer häufiger auch unter Erwachsenen zu Beziehungsstörungen und zu Partnerschaftskonflikten (072). Wie oft derartige Konflikte schon zu Scheidungen geführt haben, kann nur vermutet werden. In gut einem Viertel der Beziehungsproblematiken in meiner Sprechstunde spielen derartige Verhaltensstörungen eine Rolle, wenn nur noch konsumiert aber nicht mehr kommuniziert wird, mal sind es die Männer, welche die Nächte durch am PC hängen und Familie und soziales Umfeld aus den Augen verlieren, mal sind es die Frauen, die sich vorwiegend aus Communities wie Facebook, Twitter und anderen nicht lösen können.

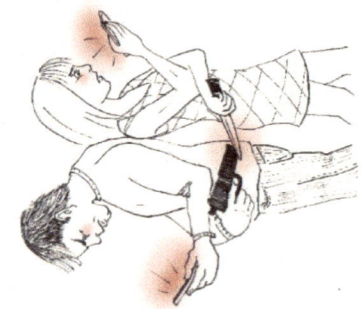

Auch hier kann ich vom Fall einer jungen Familie berichten:

Der 31jährige Vater arbeitete schwer in einem großen niedersächsischen Betrieb und wenn er nach Hause kam, verschwand er hinter seinem PC oft bis in die späte Nacht. Sein älterer Sohn wurde bis zur

74

Geburt seines 4 Jahre jüngeren Bruders von der 30jährigen Mutter liebevoll betreut. Mit der Geburt des Bruders aber musste der Vater mehr Pflichten beim älteren übernehmen, das so aussah, dass er dem Kind sein Smartphone überließ und sich weiter an den PC setzte. Das Verhalten des Älteren wurde immer auffälliger mit Schlafstörungen, Bettnässen, Schreiattacken und aggressivem Verhalten im Kindergarten. Es kam zum Ehekonflikt, fast zur Scheidung und für den Jungen musste ein Kinderpsychologe konsultiert werden, während die verzweifelte Mutter meine Sprechstunde aufsuchte. In langen Therapiestunden, oft mit dem Vater zusammen, erarbeiteten die Eheleute ein neues Konzept des Zusammenlebens und des Umgangs mit digitalen Medien. Der ältere Sohn ist nach wie vor in kinderpsychologischer Betreuung.

Ganz sicher ist im übermäßigen Gebrauch digitaler Geräte auch eine der Ursachen für die zunehmende chronische Stressbelastung zu suchen, unter der Millionen Menschen leiden und die dauerhaft zu Depressionen und Burnouts führen kann (034). Es mehren sich sogar Stimmen, dass wir auf ein kollektives Burnout zusteuern (060). Das verwundert mich nicht. Gibt es doch kaum noch Arbeitnehmer, die sich trauen, im Urlaub nicht erreichbar zu sein und auch viele Chefs und leitende Angestellte meinen auch im Urlaub ständig erreichbar sein zu müssen, weil es ihnen nicht gelang, die Betriebe und Abteilungen so zu organisieren, dass ihre Abwesenheit keinen Schaden verursacht. Hierdurch wird Urlaub ad absurdum geführt.

Mit 16,6 Prozent stehen Fehltage durch psychische Erkrankungen in den Gesundheitsreports vieler Krankenkassen inzwischen an zweiter Stelle nach den Skelett- und Muskelerkrankungen, deren Ursachen im Zusammenhang mit der Nutzung digitaler Medien ebenfalls eine zunehmende Rolle spielen (073). Dazu mehr im folgenden Kapitel.

Zusammengefasst:

Undosierte und gedankenlose Smartphone-Nutzung führt zunehmend zu Beziehungsproblemen. Besonders schädlich ist eine übermäßige Nutzung für Kinder, die dadurch häufig Verhaltensstörungen entwickeln. In ihrer empfindlichen Entwicklungsphase kann eine unkontrollierte Nutzung von elektronischen Geräten zu einer Sucht und zu aggressiv-affektiven Kontrollverlusten führen. Die Eltern verlieren spätestens dann den Einfluss auf ihre Kinder! Weitere Folgen können affektive Erkrankungen wie Depression und ADHS, sowie Überlastung bis hin zum Burnout sein. Kann diese Entwicklung wirklich als Fortschritt bezeichnet werden?

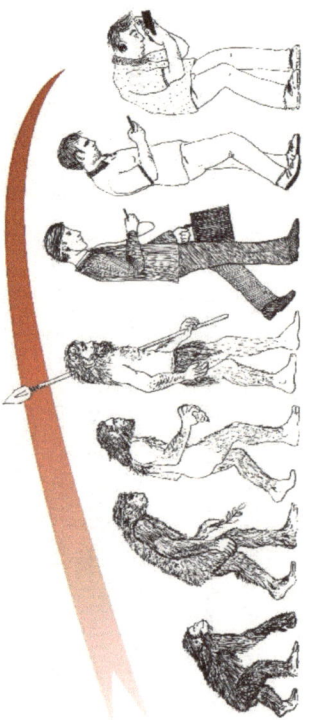

10. Seele formt Haltung und Haltung formt Seele

Wie sieht es mit Ihrer Haltung aus? Mit dieser Frage meine ich nicht nur Ihre innere Haltung zu unserem Thema, sondern auch Ihre Körperhaltung speziell bei der Benutzung Ihres Smartphones.

Das Lesen der nonverbalen körpersprachlichen Informationen ist für uns Psychotherapeuten nämlich von genau solcher Wichtigkeit wie das Hören und Beurteilen des gesprochenen Wortes unserer Klientinnen und Klienten. Ein wichtiger Forschungszweig, die „Embodied Cognitive Science" (engl. embodied: verkörpert), der sich mit den Zusammenhängen von Körperhaltung und Mimik und der entsprechenden Befindlichkeit beschäftigt, erkannte, dass hier ein starker Zusammenhang besteht. Ein Depressiver ist durch seine deutliche Körpersprache zu erkennen. Umgekehrt verschlechtert eine Körperhaltung, welche der der Depression ähnelt, die seelische Befindlichkeit eines Menschen bis hin zu seinem Verhalten (074). Es besteht also eine folgenschwere Wechselwirkung. Gleichzeitig bedeutet dies allerdings auch, dass wir unsere Stimmung und Haltung manipulieren können. So können wir beispielsweise unsere schlechte Stimmung aufheitern, indem wir einen Bleistift quer zwischen die Zähne nehmen. Die dadurch angeregte Muskulatur, die wir auch zum Lächeln gebrauchen, hebt die Stimmung nach wenigen Minuten. Probieren Sie es selbst einmal aus! Studenten, die in einem fingierten Kopfhörer-Test zur einen Hälfte den Kopf vermeinend schütteln sollten, während die andere Hälfte bejahende Nickbewegungen ausführte, antworteten in einer darauf folgenden Befragung zu der Höhe ihrer Studiengebühren entsprechend wie folgt: Die Kopfschüttler eher abweisend, die Kopfnicker eher wohlwollend (075).

Unlängst veröffentlichten Forscher aus Hannover und Basel eine Studie, nach der das Entfernen von Stirn-Sorgenfalten mit Botox bei Depressiven einen ähnlich guten Effekt aufwies wie Medikamente gegen Depression (076). Wir können allen Ernstes vermuten, dass das Botulinumtoxin demnächst als Antidepressivum zugelassen wird.

Ich kann im Rahmen meiner Seminare für Autogenes Training eine deutliche positivere Stimmung unter den Teilnehmern erzeugen, indem ich auf deren Haltung achte und sie bei den Übungen zum Lächeln auffordere. Das ist mit ein Grund, das Autogene Training nicht im Liegen oder in der Kutscherhaltung (d. h. vorübergebeugt und auf den Knien abgestützt) zu vermitteln, sondern in aufrechter Sitzhaltung, die mir mehr über die Befindlichkeit, Motivation und Gesundheit der Teilnehmer verrät.

Doch welche Folgen hat die typische Haltung der unzähligen Smartphone-Nutzer? Welche unbewusste Befindlichkeit wird durch deren „Büßer- oder Buckelhaltung" neuronal gefördert?

Welcher Befindlichkeitszustand entsteht, wenn dazu noch die negative Stimmung durch FoMo oder gar die Nomophobie kommt? Man kann davon ausgehen, dass die dauerhafte Fehlhaltung der User sich negativ auf die Befindlichkeit auswirken wird. Die „Büßerhaltung" belastet zudem übermäßig den Nackenbereich und führt zu chronischen Verspannungen im Schulter-Hals-Dreieck und zu Verschleißerscheinungen in der Halswirbelsäule.

Orthopäden registrieren bei ihren Patienten zunehmend Haltungsschäden. Ein New Yorker Wirbelsäulenchirurg hat unlängst die haltungsbezogene Belastung der Halswirbelsäule untersucht und ist zu Belastungswerten bis 27 Kilogramm gekommen, die an der Nackenmuskulatur zerren, wenn der User seinen Kopf bis zu 60 Grad, was die Regel ist, beugt (077). Dadurch sind chronische Schäden der Halswirbelsäule vorprogrammiert und wirken sich zusätzlich negativ auf die seelische Befindlichkeit der Betroffenen aus. Sicher ist, dass diese Gewichtslast bei Kleinkindern, die im Verhältnis zu Erwachsenen einen deutlich größeren und damit schwereren Kopf haben, besonders schädlich ist.

Auch über Verschleißbeschwerden im Daumengelenk und Überlastung der beteiligten Muskulatur wurde schon medienweit berichtet (078;079). Besonders fatal wird es, wenn Smartphones und Computer zusätzlich von gesunder Bewegung abhalten. Sportliche Betätigung führt zur Stärkung des Herzkreislaufsystems, der Knochen und Muskeln unseres Körpers, es verhindert Übergewicht und fördert darüber hinaus viele positive Prozesse im Gehirn. Neue Synapsen werden gebildet und Glückshormone

produziert, wodurch die seelische Befindlichkeit verbessert wird (080). All dem wirkt die sogenannte Büßerhaltung entgegen. Entsteht derzeit gerade eine Generation von Fibromyalgie-Patienten? Und wer möchte als ständiger „Buckler" wahrgenommen werden? Oder wer als „Smartphone-Couch-Potato"?

Zusammengefasst:

Die typische Büßer- oder Buckelhaltung der Smartphone-Nutzer führt zu vielerlei Verspannungen im Schulter-Hals-Dreieck, die mit körperlichen Schmerzen einhergehen und grundsätzlich auch negative Auswirkungen auf die seelische Befindlichkeit haben, da zwischen Körper und Seele eine enge Wechselbeziehung besteht. Eine regelmäßig krumme und schlaffe Haltung kann die Befindlichkeit verschlechtern und schlimmstenfalls auch Depressionen auslösen. Außerdem führt übermäßige Smartphone-Nutzung oft zu chronischer Überlastung der Augen und der Daumengelenke, sowie beteiligter Muskelstränge. Diese negativen Folgen werden zusätzlich verstärkt, wenn körperliche Ausgleichsbetätigungen vernachlässigt werden. Als Folge drohen Herz-Kreislaufschwäche und Übergewicht.

11. Geraten wir aus dem Rhythmus?

Ein wichtiges Thema, das sich konstant durch meine Autogenen Trainings-Seminare zieht, ist das Beachten und Nutzen unserer natürlichen Biorhythmen: Jahres- und Tagesrhythmen, Verdauungs- und Schlafrhythmen, bei Frauen Regelzyklen oder Schwangerschaftsrhythmen. Sorgloses Verhalten und Ignorieren dieser natürlichen inneren Uhr, aber auch berufliche Zwänge wie Schichtarbeit und häufige Dienstreiseverpflichtungen können gesundheitsschädigende Folgen haben, die es zu erkennen und zu minimieren gilt.

Für den Forschungszweig Chronobiologie, der sich mit diesen biologischen Rhythmen befasst, ist das Tageslicht ein zentraler Wirkfaktor, der nicht nur alle Stoffwechselvorgänge der Menschen und aller Lebewesen, sondern auch die Stimmung des Menschen beeinflusst (081). Unsere im Gehirn lokalisierte innere Uhr wird durch die Hell-Dunkel-Phasen des Tageslaufes synchronisiert. Sonnenlicht, aufgenommen über die Netzhäute unserer Augen, macht wach, aktiv und leistungsfähig. Dunkelheit dagegen löst die Bildung des Schlafhormons Melatonin aus, es macht uns müde und fördert unseren Schlaf. Im Schlaf regenerieren sich Körper und Gehirn. Das Melatonin ist zudem ein wichtiger Radikalenfänger, der also Abwehrtätigkeiten fördert und unter anderem der Krebsentstehung entgegenwirkt.

Das Tageslicht entwickelt seine Wirkung überwiegend im blaulastigen Spektrumbereich. Entsprechende Tageslichtlampen werden schon seit längerem zur Behandlung der saisonalen Depression eingesetzt, die Menschen in der dunklen Jahreszeit befallen kann. Es bestehen Überlegungen, Lampen mit Tageslichtspektrum in Schulen, Großraumbüros und anderen Räumen zu installieren, damit die Menschen dort auch während der dunklen Jahreszeit konzentriert lernen und arbeiten können (082).

Melatoninproduktion und Müdigkeit werden im rotlastigen Spektrum gefördert. Der Sonnenuntergang oder das verglühende Lagerfeuer waren über Jahrtausende die Reize für unsere Vorfahren, sich zur Nachtruhe zu begeben. Nachtlampen für Kinderzimmer oder für Notbeleuchtung zum nächtlichen Orientieren sollten daher im Rot- oder Grün-Spektrum leuchten, damit die Melatoninproduktion nicht unterbrochen wird.

Forscher haben nachgewiesen, dass der Schlafhormonspiegel sofort sinkt, wenn wir des Nachts blaulastiges Licht einschalten. Zudem werden unsere Tag-Nacht-Rhythmen im Alltag sowieso schon durch viele Faktoren gestört, was uns nicht gut oder gar nicht schlafen lässt, hinzu kommen noch erschwerend die reichhaltigen Straßen- und Werbebeleuchtungen in unseren Städten. Kritische Stimmen sprechen mittlerweile bereits von einer gesundheitsgefährdenden „Lichtverschmutzung" oder vom „Lichtsmog".

Alle dabei eingesetzten modernen Leuchtmittel (Neon, LED) leuchten im Gegensatz zu den vormals benutzten Glühbirnen im Blau-Spektrum-Bereich und unterdrücken somit die Produktion von Melatonin und die damit verbundene natürlich einsetzende und wünschenswerte Müdigkeit. Fatal ist, dass die Bildschirme von Smartphones, Tablets, PCs und die vieler Fernseher in der gleichen Blau-Spektrum-Auswahl leuchten und somit den gleichen wachhaltenden Effekt haben (083). Das bedeutet, dass jemand, der nachts vor dem PC sitzt oder kurz vor dem Schlafengehen noch die letzten News auf dem Smartphone checkt, daran gehindert wird, rechtzeitig das notwendige gesunde Müdigkeitsgefühl zu entwickeln. Die schwerwiegenden Folgen regelmäßigen Schlafentzugs sind allerseits bekannt. In Guantanamo wird Schlafentzug als Foltermethode angewandt, um den Insassen Geständnisse zu erpressen.

Viele Pädagogen berichten von zunehmend übermüdeten Schülern, die sich in den morgendlichen Schulstunden nicht konzentrieren können (084). Gerade beim Eintritt in die Pubertät befindet sich das Gehirn in einer kritischen Entwicklungsphase, in der das Schlafbedürfnis steigt. Dennoch schlafen die Jugendlichen an Wochentagen im Schnitt weniger als sieben Stunden, weil sie allabendlich zunehmend mit Smartphone und Co. beschäftigt sind. Fehlender Schlaf bedeutet mangelnde Erholung, was einen großen Einfluss auf die Leistungsfähigkeit und auf das Wohlbefinden der Menschen hat. Eine aktuelle Studie des Dillenburger Instituts für Gesundheitsforschung und des Schlafmedizinischen Zentrums in Marburg ergab, dass von rund 8800 Schülern 62 Prozent tagsüber nicht ausgeruht und fit fühlen. Zu wenig Schlaf geht oft mit psychosomatischen Beschwerden wie Kopfschmerzen oder Magen-Darm-Beschwerden einher und diese Befindlichkeitsstörungen führen zu häufigen Fehlzeiten in Schulen oder am Arbeitsplatz.

Wie gefährdet speziell Jugendliche sind, veröffentlichte Der Spiegel unlängst (Ausgabe 11.11.2017)mit dem Hinweis einer charakteristischen Trias von dem Internet verfallenen Jugendlichen, dem sogenannten Iso-Syndrom (für Internetsucht/ **S**chulvermeidendes Verhalten/ **O**besitas (=Fettsucht)), welche der Chefarzt Dr. Wolfgang Siegfried der Rehabilitationsklinik INSULA in Bischofswiesen als typische Phänomene vorgefunden hat. Ich meine, das „*S*" für **S**chulvermeidendes Verhalten kann genauso gut stehen für **S**ozial auffälliges Verhalten.

Viele dieser fatalen Entwicklungen Jugendlicher könnten durch einen verantwortungsvollen von Eltern reglementierten Umgang mit digitalen Medien vermieden werden.

Und das sind nicht die einzigen Sorgen, die sich Ärzte und Pädagogen machen.

Zusammengefasst:

Unsere wichtigen Biorhythmen geraten schon seit langem durch Lichtverschmutzung, berufliche Erfordernisse wie Schichtarbeit aber auch durch eigenes Fehlverhalten aus dem Gleichgewicht. Zusätzlich verstärkt wird dieser gesundheitsschädliche Einfluss durch die blaulastigen Bildschirme digitaler Geräte, die das Aufkommen notweniger natürlich einsetzender Müdigkeit über die Schlafhormonproduktion verhindern. Die Auswirkungen sind besonders bei Kindern und Jugendlichen zu beobachten, die heutzutage zunehmend an Einschlafstörungen, überhöhter Müdigkeit und psychosomatischen Folgeerkrankungen leiden. Die Ursachen liegen im nächtlichen Zappen oder dem spätabendlichen Gebrauch der Smartphones.

12. Was Ärzten und Pädagogen weitere Sorgen macht

Wissenschaftler und Pädagogen stellen neuerdings fest, dass der leichte Zugang zu den Inhalten des Internets (Wickipedia, Google u. a.) die Gehirne übermäßiger Nutzer verändert. "Das Gehirn verlernt immer mehr, zu lernen!" (085;086). Nichts wird mehr solide im Gedächtnis abgespeichert, denn man kann ja alles schnell wieder aus dem Internet abrufen. Unser Gehirn wird also nicht mehr gefordert und droht dadurch zu verkümmern. Da wundert es nicht, wenn Manfred Spitzer von „Digitaler Demenz" spricht (086).

Die von Augenärzten befürchtete Entstehung von Kurzsichtigkeit scheint nach allerneuesten Untersuchungen in Korea eine ebenso alarmierend zunehmende Folge übermäßiger Smartphone-Nutzung zu sein (087). Zudem erfordert das ständige Fixieren der kleinen Smartphone-Bildschirme eine dauernde Anstrengung der Augenmuskulatur, was in Form des schon bei PC-Arbeit bekannten "Computer Vision Syndrom" (CVS) zu Augenreizung, Kopfschmerzen und Sehstörungen führen kann. Je näher der Augenabstand zum Bildschirm ist, desto anstrengender ist das für die Augenmuskulatur und führt summiert mit der Nackenbelastung und der erwähnten Embodiment-Phänomene häufig zu Befindlichkeitsstörungen und steigender Stressbelastung, so die Ergebnisse zahlreicher Untersuchungen, die weltweit gemacht wurden (088;089). Da in der entscheidenden frühkindlichen Entwicklungsphase der kindliche Körper und das kindliche Gehirn am empfindlichsten gegenüber der Entstehung von Fehlentwicklungen und Suchtfaktoren sind, sind deshalb hier die schwersten Folgeschäden zu erwarten.

Zwei große nordamerikanische Ärztegesellschaften, die Amerikanische Akademie der Kinderärzte und die Kanadische

Kinderarztgesellschaft haben unlängst vor diesen Folgen gewarnt und einen dringlichen Appell in zehn Punkten veröffentlicht, der seine Aktualität nicht verloren hat (090; 091).

1. Schnelles Wachstum des Gehirns

Zwischen null und zwei Jahren wächst das Gehirn von Kindern um das Dreifache. Und entwickelt sich rapide weiter bis zum 21. Lebensjahr (Christakis 2011). Die frühe Entwicklung des Gehirns wird durch Impulse aus der Umwelt beeinflusst. Die Stimulation eines sich entwickelten Gehirns durch die Überdosierung von Technologien (Handys, Internet, iPads, TV, Playstations) kann mit folgenden Erscheinungen in Verbindung stehen: Aufmerksamkeitsdefizite, eingeschränkte ausführende Funktionen, kognitive Verzögerungen, verminderte Lernfähigkeit, wachsende Impulsivität und sinkende Fähigkeit der Selbstregulation (Small 2008, Pagini 2010).

2. Verzögerte Entwicklung

Technologien schränken körperliche Bewegungen ein. Dies wiederum kann eine verzögerte Entwicklung hervorrufen. Eines von drei Kindern ist in seiner Entwicklung verzögert, wenn es mit der Schule beginnt und zwar in der Lesefähigkeit und der schulischen Leistung (HELP EDI Maps 2013). Bewegung verbessert die Konzentration und die Lernfähigkeit (Ratey 2008). Der Gebrauch von Technologie unter 12 Jahren schadet der Entwicklung von Kindern und ihrer Lernfähigkeit (Rowan 2010).

3. Fettleibigkeit

Der Gebrauch von Fernsehen und Videospielen korreliert mit steigender Fettleibigkeit (Tremblay 2005). Kinder, die ein technisches Gerät in ihrem Schlafzimmer haben dürfen, sind zu 30 Prozent fettleibiger als andere (Feng 2011). Eines von vier kanadischen und eines von drei amerikanischen Kindern sind dickleibig (Tremblay 2011). 30 Prozent der Kinder mit Fettleibigkeit werden Diabetes bekommen und übergewichtige Menschen haben ein höheres Risiko einen frühen Herzinfarkt oder Schlaganfall zu bekommen. Fettleibigkeit verkürzt die Lebenserwartung (Center for Disease Control and Prevention 2010). Aufgrund von Fettleibigkeit werden Kinder des 21. Jahrhunderts vielleicht die erste Generation sein, die ihre Eltern nicht überleben wird (Professor Andrew Prentice, BBC News 2002).

4. Schlafentzug

60 Prozent der Eltern kontrollieren nicht den Gebrauch von technischen Geräten ihrer Kinder. Und 75 Prozent der Kinder dürfen Handy, Tablet & Co. im Schlafzimmer verwenden (Kaiser Foundation 2010). Bei 75 Prozent der Kinder zwischen neun und zehn Jahren führt der Schlafentzug zu einer schädlichen Auswirkung auf das Schulleben (Boston College 2012).

5. Seelische Erkrankungen

Ein übermäßiger Konsum von technischen Geräten verursacht folgende seelische Erkrankungen: Depressionen, Ängste, Anschlussstörungen, Aufmerksamkeitsdefizite, Autismus, bipolare Störungen, Psychosen und problematisches kindliches Verhalten (Bristol University 2010, Mentonzi 2011, Shin 2011, Liberatore 2011, Robinson 2008).

Bei einem von sechs kanadischen Kindern wurde eine seelische Erkrankung diagnostiziert. Viele von ihnen stehen unter einer durchaus gefährlichen Behandlung mit Psychopharmaka (Waddell 2007).

6. Aggressivität

Gewaltvolle mediale Inhalte können Aggressivität bei Kindern verursachen (Anderson, 2007). Junge Kinder werden durch die heutigen Medien zunehmend mit sexueller oder physischer Gewalt konfrontiert. Viele Fernsehserien oder Shows implizieren Sex, Mord, Vergewaltigung, Folter oder Verstümmelung. Die USA hat mediale Gewalt als ein „Öffentliches Gesundheitsrisiko" eingestuft, bezüglich des enormen Einflusses von medialer Gewalt auf die Aggressivität bei Kindern (Huesmann, 2007).

7. Digitale Demenz

Ein schneller und hoher Konsum von medialen Inhalten kann Aufmerksamkeitsstörungen, Konzentrationsschwächen sowie schlechtes Erinnerungsvermögen hervorrufen. Dies verursachen neuronale Bahnen des vorderen Kortex im Gehirn (Christakis 2004, Small 2008). Kinder, die sich nicht konzentrieren können, werden sich beim Lernen schwertun.

8. Abhängigkeiten

Wenn Eltern sich Technologien mehr und mehr zuwenden, werden sie sich von ihren Kindern entfernen. In der Abwesenheit der Eltern können Kinder zu technischen Geräten greifen, was wiederum zu Abhängigkeit führen kann (Rowan 2010). Eines von elf Kindern zwischen acht und 18 Jahren ist abhängig von Technologien (Gentile 2009).

9. Ausstoß von Strahlungen

Im Mai 2011 stufte die „World Health Organization" Handys (und andere drahtlose Geräte) bezüglich ihres Strahlungsausstoßes (WHO 2011) als „Kategorie 2B Risiko" (möglicherweise krebserregend) ein. James McNamee von „Health Canada" sprach im Oktober 2011 eine Warnung aus: „Kinder reagieren auf eine Vielzahl von Stoffen sensibler als Erwachsene, denn ihre Gehirne und Immunsysteme befinden sich noch in der Entwicklung. Also kann man nicht sagen, dass das Risiko für einen jungen Erwachsenen genauso hoch ist, wie für ein Kind" (Globe and Mail 2011). Im Dezember 2013 empfahl Dr. Anthony Miller von der „University of Toronto's School of Public Health" basierend auf neuen Forschungen, dass die Freisetzung von Funkfrequenzen neu klassifiziert werden muss und zwar von 2B (möglicherweise krebserregend) zu 2A (wahrscheinlich krebserregend). Die „American Academy of Pediatrics" zeigt drei Argumente auf, wie man Kinder schützen kann (AAP 2013).

10. Keine Nachhaltigkeit

Die Art und Weise, wie Kinder mit Technologien aufwachsen und erzogen werden, ist nicht nachhaltig (Rowan 2010). Kinder sind unsere Zukunft, aber es gibt keine Zukunft für Kinder, die Technologien überdosieren. Ein professioneller Ansatz ist dringend notwendig, um den Gebrauch von Technologien bei Kindern zu reduzieren.

Dieser Appel, der viele meiner Befürchtungen enthält, bedarf eigentlich keiner weiteren Erläuterung. Und dass diese Statements nordamerikanischer Kinderärzte auch für Europa und Deutschland gelten, beweist die Tatsache, dass auch die deutschen Kinderärzte Alarm schlagen und im Wesentlichen die gleichen Gefahren benennen bzw. ähnliche Störungen diagnostizieren (088). Ich erinnere auch hier an das bereits erwähnte Iso-Syndrom.

Die ganz aktuelle Studie der DAK "WhatsApp, Instragram und Co. - so süchtig macht Social Media" in Zusammenarbeit mit dem Deutschen Zentrum für Suchtfragen des Kindes- und Jugendalters am Universitätsklinikum Hamburg-Eppendorf weist deutlich auf den steigenden Suchtcharakter bei Kindern und Jugendlichen hin. Ich zitiere hier in Auszügen aus dem Statement des leitenden Experten Prof. Dr. Rainer Thomasius, ärztlicher Leiter des o. g. Zentrums.

In der aktuellen DAK-Studie zeigen 2,6 Prozent der 12- bis 17-Jährigen in Deutschland einen problematischen Gebrauch sozialer Medien -3,4 Prozent der Mädchen und 1,9 Prozent der Jungen. Dieser Unterschied zwischen den Geschlechtern ist statistisch nicht signifikant. Damit wurde erstmals das Suchtrisiko von sozialen Medien für Kinder und Jugendliche in Deutschland repräsentativ untersucht. Zur Erfassung des Problemverhaltens wurde ein standatisiertes und überprüftes Instrument genutzt, das in den Niederlanden entwickelt wurde, die sogenannte Social Media Disorder Scale (van den Eijnden et al., 2016).

Der Fragebogen besteht aus insgesamt neun Fragen, die mit „ja" oder „nein" beantwortet werden können. Bei fünf oder mehr „ja"-Antworten wird von einer problematischen Nutzung sozialer Medien ausgegangen.

In der aktuellen Studie antworteten die Befragten auf die einzelnen Fragen wie folgt:

34 Prozent haben oft soziale Medien genutzt, um nicht an unangenehme Dinge denken zu müssen.

14 Prozent haben oft heimlich soziale Medien genutzt

13 Prozent konnten die Nutzung sozialer Medien nicht stoppen, obwohl ander ihnen sagten, dass sie dies wirklich tun müssten.

13 Prozent fühlten sich oft unglücklich, wenn sie keine sozialen Medien nutzen konnten.

10 Prozent der Befragten gebe an, sie hätten im vergangenen Jahr an nichts anderes denken können als an den Moment, an dem sie wieder soziale Medien nutzen können.

9 Prozent haben sich regelmäßig unzufrieden gefühlt, weil sie eigentlich mehr Zeit für soziale Medien aufwenden wollten.

6 Prozent gebeb an, dass es regelmäßig Streit mit anderen durch die Nutzung sozialer Medien gab.

5 Prozent haben regelmäßig kein Interesse an Hobbys oder anderen Beschäftigungen entwickelt, weil sie lieber mit sozialen Medien beschäftigt waren.

3 Prozent hatten ernsthafte Probleme mit ihren Eltern, Brüdern, Schwestern oder Freunden durch die Nutzung sozialer Medien.

Betroffene weisen in der Untersuchung einen deutlich höheren Mittelwert in der Social Media Disorder Scale auf als Nichtbetroffene (5.64 versus 0,94 Punkte). Weiterhin berichten Betroffene höhere tägliche Nutzungszeiten sozialer Medien (3.61 Stunden) als Nicht-Betroffene (2,74 Stunden). Betroffene (Mittelwert:3.50) berichten ferner häufiger von Streit mit den Eltern wegen der Nutzung sozialer Medien als Nicht-Betroffene. Weiterhin schlafen Betroffene (Mittelwert: 2,55) häufiger zu wenig wegen der Nutzung sozialer Medien als Nicht-Betroffene. Außerdem sind Betroffene mit einem größeren Anteil ihrer Freunde (Mittelwert: 3.28) nur über soziale Medien in Kontakt als Nicht-Betroffene (Mittelwert: 3,81.

In der Studie wurden außerdem mit standardisierten Fragebögen Befindlichkeitsstörungen wie etwa eine depressive Symptomatik (mittels Depressionsscreener für Teenager; DesTeen, Pietsch et al., 2011) sowie die Funktionalität der Herkunftsfamilie (Smilkstein, 1978) untersucht. Für eine depressive Symptomatik ergab sich für die Gesamtstichprobe ein Wert von 8.2 Prozent, Allerdings wies etwa jeder dritte Betroffene mit einem problematischen Gebrauch sozialer Medien eine depressive Symptomatik auf, dieser Wert liegt deutlich über dem Wert für alle befragten Jugendlichen. Zusätzlich wurden in ein statistisches Modell unterschiedliche soziodemografische und psychosoziale Aspekte eingebracht. Folgende Merkmale sind mit einer problematischen Nutzung sozialer Medien statistisch signifikant assoziiert:

- niedrigeres Lebensalter

- stärker ausgeprägte depressive Symptomatik

- schlechtere Funktionalität der Familie

Dieser Befund spricht für einen multifaktoriellen Erklärungsansatz für eine problematische Nutzung sozialer Medien.

Wie sind die Befunde der aktuellen DAK-Befragung in den Kenntnisstand aus internationalen Studien einzuordnen? Eine wachsende Zahl wissenschaftlicher Studien weist darauf hin, dass die exzessive

Nutzung sozialer Netzwerke mit Symptomen einhergehen kann, die traditionell mit substanzbezogenen Störungen bzw. Substanzabhängigkeiten in Zusammenhang gebracht werden. Merkmale dieser Art beziehen sich auf starkes Eingenommensein, Toleranzentwicklung, Entzugserscheinungen, Kontrollverlust, Fortsetzen der Nutzung trotz negativer Konsequenzen, Täuschen von Familienmitgliedern, Therapeuten oder anderen Personen in Bezug auf das wirkliche Ausmaß der Nutzung sowie Nutzung der sozialen Netzwerke, um negative Stimmungen entgegenzuwirken. Ob die unkontrollierte und exzessive Anwendung sozialer Netzwerke tatsächlich als sogenannte Verhaltenssucht aufgefasst werden kann, ist Gegenstand derzeitiger wissenschaftlicher Erörterungen. Eine einheitliche Lehrmeinung gibt es derzeit nicht. Manche Wissenschaftler warnen vor einer Pathologisierung üblichen gesellschaftlichen Lebens und andere stellen die Gemeinsamkeiten sogenannter internetbezogener Störungen ("Mediensucht") mit anderen Verhaltenssüchten heraus. Ein einheitlicher und allgemein anerkannter Begriff für die auf die Internetanwendungen bezogenen Störungen existiert bisher international nicht.

Suchtforscher im deutschsprachigen Raum haben sich auf die übergeordnete Bezeichnung der "internetbezogenen Störung" geeinigt (Rumpf etSuchtforscher al., 2016). Dieser Sammelbegriff umfasst sowohl eine ausgeprägte Störung mit klinischer Bedeutung im Sinne einer Internetabhängigkeit wie auch mildere Ausprägungsgrade einer fortgesetzten schädlichen oder missbräuchlichen Nutzung, die mit negativen Folgen für die betroffene Person verbunden ist, aber noch nicht die Kriterien einer Abhängigkeit erfüllt. Weiterhin werden hierunter auch riskante Nutzungsweisen verstanden, die als Vorformen einer ausgeprägten Störung angesehen werden.

In der jüngeren wissenschaftlichen Literatur werden verschiedene Modelle für die Entwicklung einer internetbezogenen Störung und speziell für eine suchtartige Anwendung sozialer Netzwerke beschrieben (vgl. Kuss 8 Griffiths, 2017). Im Rahmen sozialpsychologischer Modellbildung wird die exzessive Verwendung sozialer Netzwerke mit geringem Selbstwertgefühl und geringen Selbstdarstellungskompetenzen der Betroffenen sowie deren Bevorzugung virtueller sozialer Interaktion gegenüber einer Face-to-Face-Kommunikation aufgefasst. Vor dem Hintergrund des soziokognitiven Modells ist die exessive Anwendung mit verbessertem Selbstwirksamkeitserleben und positiven Bewertungen eigener Fähigkeiten und Fertigkeiten bei der Internetkommunikation verbunden. Darüber hinaus wird angenomme, dass junge Menschenzur übermäßigen Nutzung neigen, wenn sie die Erfahrung machen, durch die Internetanwendung eine Linderung bei alltäglichen Konflikten und Stressoren inklusive Einsamkeitsgefühlen und Depressivität zu erfahren.

Ende des Zitats.

Warum gerade Kinder und Jugendliche suchtgefährdet sind, habe ich versucht, darzulegen.

Eltern, Erzieher, Pädagogen, Mediziner, Medienleute, Politiker – alle Personen mit Einfluss im Erziehungs- und Gesundheitssektor sollten die Zusammenhänge erkennen und ihrer Verantwortung für die nachwachsende Generation nachkommen!

Vordringlichste Aufgabe der Eltern ist, den Kindern durch eigenes Nutzungsverhalten kein schlechtes Vorbild abzugeben und gemeinsam mit den Erziehern und Pädagogen für sinnvolle aber dem Alter der Kinder angepasste Nutzungszeiten zu sorgen.

Die Mediziner aller Fachrichtungen, die mit dieser Problematik betroffen sind, müssen sich viel mehr vernetzen, die gesundheitsschädlichen Folgen öfter und direkter benennen und soweit sie in der Forschung tätig sind, für solide Studien sorgen. Denn „trotz vieler ernsthafter Vermutungen, gibt es bisher keine empirischen Langzeituntersuchungen, die strengen wissenschaftlichen Ansprüchen genügen" (Prof. Dr. Dr. Gerhard Roth, persönliche Mitteilung).

Die Medien sollten daher auch ihre Berichterstattungen zum Thema „Folgen durch Nutzung digitaler Medien" seriös recherchieren und nicht modischen unreflektierten Strömungen verfallen.

Gleiches gilt für die Politiker, welche Einfluss auf die Grundlagenerstellung und Finanzierung von Projekten im Zusammenhang mit digitalen Medien an Kindergärten, Schulen und Universitäten haben.

Zusammengefasst:

Amerikanische und kanadische Kinderärzte warnen in dringenden Appellen vor unkontrollierter Nutzung digitaler Geräte durch Kinder. Es drohen Entwicklungsstörungen und Verzögerungen kindlicher Gehirne, die seelische Erkrankungen und affektive Störungen als Folge haben können. Suchtverhalten und Aufmerksamkeitsdefizitstörungen sind weitere Gefahren. Fettleibigkeit und Schlafstörungen treten neuerdings auffällig gehäuft auf. Außerdem muss die Strahlungswirkung der Geräte auf die sich noch in der Entwicklung befindlichen kindlichen Gehirne weitaus bedrohlicher eingeschätzt werden als bei Erwachsenen. Dies gilt nicht nur für den nordamerikanischen Raum, diese Probleme sind auch in Deutschland aktuell.

Wünschenswert wäre eine fachübergreifende Allianz von Eltern, Erziehern, Pädagogen, Medizinern, Medienleuten und Politikern, die sich wertfrei mit der Problematik der Nutzung digitaler Geräte beschäftigt und für empirische Langzeituntersuchungen sorgt, die strengen wissenschaftlichen Ansprüchen genügt.

13. Schlussfolgerungen

Wir leben in einer Übergangsphase, in der in immer schnellerem und immer größerem Umfang der reine Medienkonsum der 80er und 90er Jahre seit dem ersten Jahrzehnt dieses Jahrtausend über eine suchtähnliche Kommunikationsphase nunmehr in zwanghaftes Dokumentieren und Performen übergeht, welche in ihrer Oberflächlichkeit aber auch in ihrer Unbeherrschbarkeit ihres Gleichen sucht. Die ersten „Total-User" sind mittlerweile ins reproduktive, also ins Elternalter gekommen, und für deren Kinder besteht die große Gefahr, dass die uralten und für die Persönlichkeitsentwicklung so immens wichtigen Regeln von Bindungsverhalten und Erziehung zu kurz kommen, weil Smartphone und andere digitale „App-Lenkungen" für Defizite im Umgang mit dem eigenen Nachwuchs sorgen. „Das Kind schreit nach Milch und Liebe der Mutter, aber es hat keinen Durst nach Smartphones!" wird die Bundesdrogenbeauftragte Marlene Mortler im Deutschen Ärzteblatt vom Juni 2017 im Heft Nr. 25 zitiert (092). Und es ist wahr, der Anblick junger Mütter, die sich mehr mit ihren Smartphones als mit ihren kleinen Kindern beschäftigen wird fast zur Gewohnheit. Eltern leben ihrem Nachwuchs ihr großes Interesse an digitaler Technik vor, und so ist es nur eine Frage der Zeit bis das Interesse und Verlangen der Kinder nach diesen „hochinteressanten" Dingen geweckt ist.

Die unkritische oder übermäßige Nutzung digitaler Medien führt zu einer erheblichen zeitlichen Desorientierung und sozialen Entfremdung, sie sorgt dafür, dass Konzentration und Lernfähigkeit abnehmen und dass die Suchtgefahr zunimmt.

Auch hier kann ich von einem Fall aus meiner Sprechstunde berichten:

Ein 24jähriger Mann suchte mich in der Sprechstunde auf, weil er das „Gefühl hatte, in einer anderen Welt zu leben". Freunde und alte Bekannte verstanden ihn nicht mehr, Beziehungen zerbrachen, weil er mit niemandem auf einen gemeinsamen Nenner kam. Seine Mutter bezeichnete er als naiv und unfähig, seinen Vater als ebenfalls „kein gutes Beispiel", seine 3 Jahre jüngere Schwester „mache ihr Ding", sei aber auch in Therapie. In der Schule sei er Außenseiter gewesen, in der Ausbildung „halte er sich zurück" damit es nicht auch da zum Konflikt kommt. Ich fragte ihn, wovor er sich zurückhalte und er antwortete, auch dort seien die meisten inkompetent und begriffsstutzig. Im weiteren Gespräch stellte sich raus, dass er bei allen angeschnittenen Themen seine eigene und „sachkundigere" Meinung hatte. Ich fragte provozierend, wodurch und wann er zu einem „Schlaumeier" geworden war. Es stellte sich heraus, dass er vom siebenten bis 19. Lebensjahr viele Stunden täglich mit PC-Spielen verbracht und sich abgekapselt hatte. In der Zeit sei er wohl zum Einzelgänger geworden, der sich auf andere, ihre Meinungen und Bedürfnisse, nicht mehr richtig einstellen kann.

Auch hier finden wir Teilaspekte des genannten ISO-Syndroms.

Marlene Mortler berichtet von einer Verdoppelung der Internetsucht seit 2011 bei Jugendlichen zwischen 12 und 17 Jahren (093). Gleichzeitig sind viele Eltern total verunsichert, wie sie mit dem stetig zunehmenden Medienkonsum ihrer Kinder umgehen sollen. Hier geht es einerseits um die von Computerspielsucht (international: 'Internet Gaming Disorder' IGD) befallenen, von denen eine aktuelle Studie im Deutschen Ärzteblatt berichtet (094), dass in der Gruppe der 12 bis 25jährigen schätzungsweise 5,7 bis 7 Prozent betroffen sind und offenbar Zusammenhänge

100

mit dem männlichen Geschlecht, niedrigem Lebensalter, höherer Depressivität und Ängstlichkeit und häufiger Vernachlässigung sozialer Kontakte bestehen.

Andererseits sind heutzutage vor allem weibliche Jugendliche süchtig danach, permanent in den sozialen Netzwerken unterwegs zu sein. Hinzu breiten sich zunehmend Online-Kaufsucht und Online-Glücksspielsucht aus sowie das suchtartige Chatten in Sex- und Pornografieprofilen.

Bei allen Arten von Süchten wird auf verschiedenste Art Stress erzeugt, der bei chronischem Verlauf in Befindlichkeitsstörungen bis hin zu Depression und Burnout führen kann und häufig mit "analogen" Süchten wie Alkohol-, Zigaretten- und Drogenmissbrauch gepaart ist. Psychische Auffälligkeiten wie ADHS, Suizidalität, Autismus, Narzissmus, Schlafstörungen und Aggressivität können weitere Folgen sein.

Viele Haus- und Kinderärzte, die wegen dieser Störungen zu Rate gezogen werden, treffen auf uneinsichtige Eltern, sodass sie den Kindern kaum helfen können. Gleichzeitig scheint es mir absolut notwendig, dass sich Ärzte, Psychotherapeuten, Psychologen und Sozialarbeitern mit entsprechendem Fachwissen vernetzen, um sich in ihrer Arbeit gegenseitig zu unterstützen.

Auch die Auswirkungen fehlender körperlicher Ertüchtigung und dem daraus oft resultierenden Übergewicht, welches chronischen Krankheiten den Weg ebnet und die Lebenserwartung verkürzt, sollten in der Sprechstunde thematisiert werden. Die fast regelmäßig eingenommene „Büßerhaltung" führt zu chronischer Belastung im Schulter-Hals-Dreieck mit frühzeitigem

Verschleiß und mündet häufig in ein chronisches Schmerz-Syndrom, welches zusätzlich durch bereits vorhandene psychische Störungen verstärkt wird.

Defizite in der intrapersonalen Kommunikation mit dem eigenen Körper, der eigenen Befindlichkeit habe ich schon beschrieben und Defizite im interpersonalen Bereich, also dem sozialen Verhalten und der zwischenmenschlichen Kommunikation, erlebe ich zunehmend in meiner psychotherapeutischen Arbeit mit Patienten (siehe auch den zuletzt besprochenen Fall).

Immer mehr streitende Paare sind unfähig zu einem klärenden und deeskalierenden persönlichen Gespräch und texten sich stattdessen permanent mit Kränkungen und Schuldzuweisungen zu.

Gedankenlose Nutzer lassen häufig bestimmte Sinnes- und Körperfähigkeiten verkümmern. Viele verlieren das „Sich-seiner-Selbst-bewusst-zu-sein", ihr Selbst-Bewusstsein. Das geschieht dadurch, dass sie selbst zu oft dafür sorgen, dass sie nicht bei sich, sondern nur noch in virtuellen Sphären unterwegs sind.

Was meinen Sie? Wie geht es Ihnen als Nutzer?

Sind Sie bei sich, wenn Sie sich beim Joggen über Kopfhörer mit Musik beschallen?

Sind Sie bei sich, wenn Sie beim Essen auf den Fernseher oder aufs Smartphone starren?

Sind Sie bei sich, wenn Sie beim konzentrierten Arbeiten Radio hören oder auf eine ankommende SMS lauern?

Welche Details bleiben haften, wenn Sie dem Kölner Dom für ein Selfie den Rücken zukehren?

102

Ist es nicht eher wahrscheinlich, dass Sie bei all dem wichtige sinnliche Eindrücke und Informationen nicht in sich aufnehmen?

Verringern Google, Wikipedia und andere Internet-Tools unsere Gedächtnisleistungen?

Behindern SMS-Schreibhilfen unsere Kreativität?

Verkümmert durch Tastatur und Blockschrift unsere Feinmotorik?

Wird unser Daumen unser wichtigstes Kommunikationsorgan?

Lieben wir demnächst nur noch digital?

Verkümmern durch Kfz-Assistenzsysteme unsere Aufmerksamkeit und Reaktionsfähigkeit im Straßenverkehr?

Fördern ständig neue digitale Produkte unsere psychische Obsoleszenz, unseren Drang, immer auf dem neuesten Stand zu sein?

Taumeln wir in einen „Digitalen Narzissmus", unfähig zu uralten menschlichen Sozialfunktionen wie Empathie und Kommunikation?

Entfernen wir uns gefühlsmäßig vom eigenen Ich, dem eigenen Körper, der Eigenwahrnehmung?

Werden unsere Kinder das Umblättern verlernen und nur noch „wischen"?

Erstarren wir in einer Büßerhaltung mit Nacken- und Rückenbeschwerden?

Ist das eine „world-wide" verbreitete spätmoderne Form einer neuen digitalen Bewusstlosigkeit?

Der leider inzwischen verstorbene Fernsehmoderator Roger Willemsen hat es meines Erachtens in einem Interview auf den Punkt gebracht. Er sagte: "Das Problem besteht darin, dass wir anfangen unser Leben zu beschleunigen, um es nicht zu verpassen, und dabei verpassen wir es!"

All diese Gefahren drohen umso stärker, je früher eine unkritische Nutzung digitaler Medien einsetzt. Die schädlichen Folgen und Defizite werden sich je nach Persönlichkeit und genetischer Ausstattung zeitlich verzögert und unterschiedlich intensiv manifestieren. Besonders gefährdet sind Kleinkinder, die in einem Milieu gedankenloser und grenzenloser Nutzung digitaler Medien aufwachsen. Die erste Generation betroffener Kinder hat inzwischen das Studienalter erreicht.

Eine aktuelle Umfrage der Techniker Krankenkasse weist nach, dass 27 Prozent von 1000 befragten Studenten zugaben, dass ihrem Stress nicht mehr mit Entspannungsmethoden wie beispielsweise Yoga, Meditation und Achtsamkeitsübungen beizukommen ist, dies bestätigen mir auch viele Teilnehmer in meinen Seminaren für Autogenes Training. Um 4,3 Prozent hätten seit 2009 die Diagnosen psychischer Erkrankungen zugenommen und sieben von zehn Studentinnen und Studenten sind überzeugt davon, sich online entspannen zu können. Studentinnen vorzugsweise in den sozialen Netzwerken, Studenten bei Video- und PC-Spielen (095).

Welch fataler Irrglaube unserer Akademiker von morgen! Welch eine abartige Vorstellung von wirklicher Entspannung! Beschwerden wie Kopf- und Rückenschmerzen, Herz-Kreislaufprobleme, Schlafstörungen und Depressionen lassen sie offenbar nicht über die Ursachen nachdenken. Doch wie sollten sie auch, wenn 58 Prozent der deutschen Eltern der Meinung sind, das PC-Spiele die Konzentrationsfähigkeit und motorischen Fähigkeiten ihrer Kinder fördern (002).

Begriffe wie Stress, Burnout, Übermüdung, Überlastung, Depression und Mobbing dominieren die Medien und zeigen auf, wie schnell sich wichtige menschliche Fähigkeiten und natürliche Sinne in leere Empfindungen wie beispielsweise „unfähig" und „sinnlos" ändern und dumpfe Gefühle der Bewusstlosigkeit und Hilflosigkeit auslösen.

Leider finden nur wenige Betroffene den Weg zum Psychotherapeuten. Sie haben die Kleinen aber wichtigen Augenblicke des ganz bei sich seins, des versonnen aus dem Fenster des fahrenden Zuges zu schauen, des genießerischen Einnehmens einer Mahlzeit, des Einatmens der Waldesluft beim Spaziergang und Erfassens der körperlichen Befindlichkeit beim Joggen oder Meditieren und vieles andere mehr verlernt oder noch schlimmer, gar nicht erst im Gehirn repräsentiert. Sinn und Effekt des Zustandes der Muße ist ihnen abhandengekommen.

Wenn bestimmte Informationen nicht mehr verankert werden, also keine oder nur dürftige neuronale Veränderung und Synapsenbildung hervorgerufen werden, dann steht zu befürchten, dass bestimmte, sei es genetisch vermittelte oder durch Umwelt geprägte soziale Fähigkeiten bei chronischem Fehlverhalten durch übermäßige Nutzung elektronischer Geräte endgültig verkümmern, dass neuronale Defizite auftreten.

Fazit: Je weniger oder zerfahrener unsere Input- sprich: Wahrnehmungsfähigkeiten genutzt werden, desto weniger wird in unseren Gehirnen repräsentiert und geschweige denn stabil verankert. Und je weniger Output-Methoden genutzt und geübt werden (zum Beispiel Sprechen, Schreiben, Entschließen, Handeln), desto mehr verkümmern auch unsere dafür zuständigen neuronalen Systeme.

Dann haben wir wirklich nicht mehr alle Neurone beisammen!

Zusammengefasst:

Die gedankenlose und übermäßige Nutzung digitaler Medien führt möglicherweise zu einer Verkümmerung der neuronalen Areale und zu einer Vielzahl körperlicher und seelischer Beeinträchtigungen. Das Besorgniserregende ist, dass es auffallend häufig immer jüngere Menschen betrifft, die an Stress, Schlafstörungen, Verspannungen, Kopfschmerzen, Übergewicht und Entscheidungsschwäche leiden und extrem suchtgefährdet sind. Schon viele Kleinkinder geraten durch Unwissenheit und Sorglosigkeit der Eltern in die Mühlen des digitalen Gehirnwäsche-Systems. Wir steuern einer bewusstlosen Gesellschaft entgegen.

Haben wir bald nicht mehr alle Neurone beisammen?

14. Was können wir tun?

Eigentlich ist es ganz einfach, seine Neurone aktiv zu halten: Schalten Sie ihre Smartphones und anderen digitalen Geräte so häufig wie möglich aus. Schreiben Sie mal wieder einen Brief mit der Hand. Lassen Sie das Navi weg, trainieren Sie Ihren Orientierungssinn. Wechseln Sie beim Zähneputzen mal die Hand. Fotografieren Sie, um kreativ zu sein – und vor allem und immer wieder: kommunizieren Sie analog: Sprechen Sie anstatt zu texten!

Wir alle sollten zu einem sinnvollen Einsatz der digitalen Medien in einem sich-seiner-Selbst-bewussten Dasein kommen, das selbstbestimmt ist statt getrieben, eingedenk der eigenen Befindlichkeit und seelischen und körperlichen Ressourcen. Denn sind wir uns unserer Selbst bewusst, dann erbringen wir eine wichtige Voraussetzung für unser Selbstwertgefühl und für Empathie, welche das Erfassen fremder Befindlichkeiten als Voraussetzung für angemessenes soziales Verhalten beinhaltet. Nur wenn wir uns unserer Selbst bewusst sind, mit uns selbst in Kontakt und Einklang sind, können wir Selbstwertgefühl und Selbstvertrauen entwickeln als Grundlage für eine stabile Persönlichkeit.

Dazu gehört, dass wir Menschen und Dingen, die uns wichtig sind, unsere ungeteilte Aufmerksamkeit schenken. Dabei können wir der „somatischen Intelligenz" unseres Körpers vertrauen (096). Auch dafür ist in hohem Maße Achtsamkeit gefragt. Beim analogen Kommunizieren gilt es sowohl wortwörtliche als auch körpersprachliche Signale zu erfassen, denn nur dann werden die zuständigen Neurone neue Synapsen bilden. Damit verbessern wir die Effekte unseres Tuns, wir minimieren negative Folgen wie Verletzungsgefahr und Überbeanspruchung beim Joggen, vermeiden Unverdauliches, Giftiges oder Verdorbenes beim Essen und verhindern empathieloses unsoziales Verhalten gegenüber anderen. Wir entwickeln ein Selbst-Bewusstsein, das im wahrsten Sinne seiner Bedeutung dem entspricht, sich seiner Selbst bewusst zu sein.

Wir lernen so die Sprache unseres Körpers neu, können seine individuellen Reaktionen, die durch Gefühle wie Trauer, Angst, Ärger, Wut, Neid, Scham, Hilflosigkeit, aufgeregter Anspannung und Erwartungsangst ausgelöst werden, wahrnehmen, sie wieder zulassen, richtig einordnen und nicht als ängstigende Affekte und als Bedrohung wahrnehmen. Wenn uns dies gelingt, dann haben wir **alle Neurone beisammen!**

Die Gefahren der „digitalen Vergiftung" wurden längst erkannt und schon gibt es Angebote zur digitalen Entgiftung.

„Digital Detox Camps" sind der neueste Trend. Ihre Idee entstand im Silicon Valley, wo die großen Firmen des World Wide Web zuhause sind und welches durchaus als eines der Ausgangsorte der weltweiten digitalen Verseuchung bezeichnet werden kann.

Um sein Selbstbewusstsein zurück zu erlangen, halte ich das Autogene Training, diese über 80 Jahre alte und gut bewährte Methode, die das „Umschalten" von Leistungs- oder gar Stressmodus auf den Ruhe- und Erholungsmodus mittels der eigenen (autosuggestiven) Kräfte vermittelt, für besonders gut geeignet (097).

Der Berliner Nervenarzt Johann Heinrich Schulz entwickelte das Autogene Training in den zwanziger Jahren des vergangenen Jahrhunderts aus den Erfahrungen seiner hypnotherapeutischen Arbeit. Bei der Befragung seiner Patienten nach Ruhehypnosen fiel ihm auf, dass immer wieder bestimmte Begriffe der Befindlichkeit erwähnt wurden wie „angenehme Schwere" und „strömende Wärme" der Gliedmaßen und des Leibes, sowie eine „tiefe freie Atmung" und ein „ruhiger Puls". Schultz erkannte, dass es sich hierbei um zentrale vegetative Effekte der Hypnose handeln musste. Er schloss daraus, dass durch intensives Vorstellen (Autosuggestion) dieser Zustände ein dem Hypnosezustand vergleichbarer Effekt zu erzielen sein müsste, entwickelte aus den Begriffen die bekannten Formeln (siehe auch unter Begriffserklärungen) und nannte die Methode in seiner Veröffentlichung aus dem Jahr 1932 „Das Autogene Training – Konzentrative Selbstentspannung". Nach dem Zweiten Weltkrieg, vor allem in den 60er und 70er Jahren, fand das Autogene Training eine sprunghafte Verbreitung und wurde 1981 durch die Übernahme in die ärztliche Weiterbildungsordnung für die Zusatztitel „Psychotherapie" und „Psychoanalyse" „geadelt". Mittlerweile wird es in zahlreichen Fortbildungseinrichtungen, Kurkliniken, Sportschulen aber auch in den Volkshochschulen vermittelt, leider nicht immer in der schlichten und effektiven Form seiner „reinen Lehre".

Die hierbei geforderte und geförderte Achtsamkeit, das „In-sich-hinein-Schauen und -fühlen", das vielen Menschen zunehmend schwerfällt, ist neben anderen Meditationsformen der ideale Schlüssel zur Selbstfindung. "Bei mir funktioniert das nicht" oder "Ich habe die Zeit dafür nicht" sind häufige Ausreden, bevor die Klienten in den Kurs für Autogenes Training kommen. Wie erstaunt sind sie dann, wenn sie erfahren, dass das tägliche „mit einem Stoßseufzer auf das Sofa sinken" nichts anderes ist, als ein sekundenkurzes Autogenes Training und dass sich ihre Körper nach nach sehnen, vor allem nach mehr Zeit für das, was früher Muße genannt wurde. Die Fähigkeit zur Muße, zur Innenschau und Innenwahrnehmung ist die Basis für Selbst-

Bewusstsein, fördert das Selbstwertgefühl und schafft Selbstvertrauen. Dies ist durch das Autogene Training einfach und diskret umzusetzen, denn wer die Methode beherrscht, kann sie bei Bedarf jederzeit anwenden, ohne dass es auffällt. Der Übende braucht keine CD, keine Musik, keine Räucherstäbchen, keine warmen Socken oder Liegedecke, er schaltet einfach um von Stress und Leistung auf Ruhe und Erholung. Er schaltet also nicht ab, denn abgeschaltet werden möchte unser Körper und Bewusstsein nicht. Daher bringt der so häufig gehörte Vorsatz „Man müsste mal abschalten!" auch selten den gewünschten Effekt. Der autogen Trainierte dagegen schaltet um von Leistung auf Erholung, wann immer er will, wo immer er gerade ist und so lang er möchte und der jeweilige Augenblick es zulässt (098). Und speziell für die Augenblicke, wo sich das Smartphone oder eine App meldet, lässt sich eine suggestive Formel eintrainieren, die eigenen analogen Widerstand möglich macht, sodass es leichter fällt, PC und Smartphone zeitweilig abzuschalten.   Jeder   kann das Autogene Training erlernen.

Nützliche Vorsätze, wie zum Beispiel die Änderung im Verhalten der eigenen Smartphonenutzung sollten Sie grundsätzlich morgens fassen. Wie Sie sein möchten, was Sie vorhaben und umsetzen wollen, das sollten Sie morgens vor dem Spiegel oder am besten während einer morgentlichen Autogenen Trainingsübung verinnerlichen im Sinne des Future Pacing aus dem Neurolinguistischen Programmieren. Da geht es darum, einen wichtigen Schritt oder eine notwendige Tätigkeit in der Zukunft in der geistigen Versenkung im Voraus zu planen, zu durchdenken. Diese mentale Vorbereitung ist Voraussetzung bei allen Menschen, die Spitzenleistungen vollbringen wollen: Bei Sportlern, Musikern, Schauspielern aber auch Managern oder Verkäufern (099).

Ganz wichtig ist zudem, dass Ihr Vorhaben umsetzbar ist, es also mit Ihrem Fühlen, Denken, Handeln und mit Ihren Möglichkeiten im Einklang ist, was wir „kongruent" nennen. Kongruenz ist eine der wichtigsten Voraussetzungen für unser seelisches Gleichgewicht, wogegen Inkongruenz (nach dem Unmöglichen streben, drei Dinge auf einmal tun) dauerhaft seelisch krankmacht (074).

Dieses seelische Gleichgewicht ist bei vielen Usern, bei denen die Beschäftigung mit PC-Spielen oder Internet schon suchtartigen Charakter erreicht hat, kaum noch vorhanden und ohne professionelle Hilfe nicht wieder herstellbar. Laut dem Drogen- und Suchtbericht der Bundesregierung in Deutschland gelten mehr als eine halbe Million Menschen schon als internetabhängig, gut die Hälfte davon sind junge Menschen zwischen 14 und 24 Jahren. Weitere 1,4 Millionen Jugendliche zeigen ein problematisches Nutzungsverhalten. Experten sind sich einig, dass Nutzungszeiten von mehr als acht Stunden pro Woche problematisch sind. Für Hilfebedürftige etablieren sich immer mehr spezialisierte Einrichtungen. Eine Übersicht finden Sie am Ende des Buches.

Benötigen Sie ebenfalls bereits professionelle Hilfe? Lassen Sie es nicht so weit kommen. Seien Sie selbstbewusst und strapazieren Sie nicht Ihre Neurone mit nutzlosem Multitasking, sondern sein Sie bei sich   und dem, was Sie tun oder erreichen möchten. Bringen Sie „Ordnung in Ihr Oberstübchen" wie es das Magazin Focus einmal empfahl (100). So vermeiden Sie die Gefahren unkritischer und belastender Nutzung moderner Kommunikationswerkzeuge wie Smartphones und Tablets, welche ja ursprünglich dafür gedacht waren, Zeit zu sparen und nicht Zeit zu stehlen.

Bekommen Sie wieder Kontrolle und Bewusstsein über Ihr Leben, indem Sie dazu die wichtigen Quellen physischer und psychischer Gesundheit nutzen:

1. Gehen Sie pfleglich und verständnisvoll mit dem eigenen Körper um, das heißt, lernen sie die Signale des Körpers wieder zu lesen. Erkennen Sie ihre Leistungsgrenzen und gönnen Sie sich beizeiten Ruhepausen und Entlastung.

2. Führen Sie Haltungskontrollen und -korrekturen am PC oder bei der Beschäftigung mit dem Smartphone durch. Vermeiden Sie eine Haltung, welche Schulter und Nacken belastet.

3. Sorgen Sie für gesunde Mahlzeiten, ohne dabei online zu sein. Trainieren Sie Geruch und Geschmack, die Sinne des Genusses.

4. Sorgen Sie für ausreichend Bewegung und auch Erholung – ohne digitale Ablenkung. Fühlen Sie Ihre Muskeln und Gelenke, die Atmung und den Herzschlag. Seien Sie bei sich.

5. Führen Sie „Schutzzeiten" ohne Smartphone ein. Das kann ein Wochenende in der Natur sein, ein Tag mit Sport oder ein ganzer Urlaub mit Kultur und Erholung oder nur für die Länge eines spannenden Buches.

6. Beteiligen Sie sich nicht an den „Gaffer"-Aktionen.

7. Pflegen Sie Ihr soziales Netz mit Familie, Freunden, Arbeitskollegen analog und nicht digital. Eine erfüllte Beziehung und ein stabiler Freundeskreis wirken lebensverlängernd.

8. Nutzen Sie Hobbies, Vereine, Gespräche, Erlebnisse, Erfahrungen und Begegnungen, denn all das hält Ihre

Neurone beisammen, schafft täglich neue neuronale Verbindungen, trainiert die Empathie-Neurone und sorgt für die Ausschüttung von Glückshormonen. Und das wiederum verhindert Isolierung, Depression und Überlastung, hält Sie geistig und körperlich fit und federt Alterungsprozesse ab.

Tun Sie all das aber dosiert, sich Ihrer Selbst bewusst, um die Grenzen Ihrer Belastungsfähigkeit zu erkennen!

Und – wo immer Sie die Gelegenheit und Einfluss haben – vermitteln Sie dieses Lebensgefühl an Kinder weiter. Je früher, desto besser! Und zwar nicht durch starre Regeln, schlaue Vorträge oder gar Verbote, sondern durch Vorleben und Vormachen. Kinder im Vorschulalter lernen überwiegend durch Imitation und Ausprobieren. „Erziehung ist Vorbild und Liebe!" sagte der Schweizer Pädagoge und Sozialreformer Johann Heinrich Pestalozzi schon im vorvergangenen Jahrhundert (101). Seine wegweisenden humanistischen Ideen moderner Kindererziehung wurden in Deutschland durch seinen Schüler Friedrich Wilhelm August Fröbel weiterentwickelt.

Zusammengefasst:

Über das sich seiner Selbst bewusst zu sein führt der Weg in ein stabiles Selbstwertgefühl und Selbstvertrauen. Autogenes Training in seiner unverfälschten Form ist eine mögliche und sichere Methode, zu sich selbst zu finden und sich neuronal neu zu ordnen. Aber es gibt noch mehr Anker in der Selbstfürsorge: Mit dem Nutzen „analoger" Kontakte in persönlichen und echten sozialen Netzen werden Spiegelneurone trainiert. Gehen Sie mit wachen Augen und Ohren und ausgeschaltetem Smartphone durch die Welt und erleben Sie diese wieder mit eigenen Sinnen. Und vermitteln Sie das den Kindern durch Vorleben und Vormachen! Denn hier droht der größte Schaden!

15. Wie schützen Sie Ihre Kinder?

Zum Schutz der Kinder sind vor allem die jeweiligen Eltern gefragt. Die wollen meistens das Beste für ihre Kinder, doch ob sie es erreichen, hängt auch davon ab, ob sie kritische Nutzer moderner digitaler Medien oder diesen bereits verfallen oder gar selbst süchtig sind.

Viele Eltern sorgen dafür, dass ihre Kinder bestmöglich gefördert werden, doch im Umgang mit digitalen Medien versagt der Schutz, der Kindern zuteilwerden sollte.

Kinder sollten zunächst lernen, wie echtes „analoges" Miteinander funktioniert. Sie erwerben schnell diese wichtigen sozialen Fähigkeiten, wenn sie an solchen Prozessen beteiligt werden, indem sie ihnen vorgelebt und vorgemacht werden, was einen wesentlichen Einfluss auf ihre gesunde geistige, körperliche und soziale Entwicklung hat. Unser gesamtes soziales Gefüge steht und fällt mit den Gemeinsamkeiten und Ritualen, vom Staatswesen bis in die einzelnen Familienverband.

In die gemeinsame Tagesplanung, die sich nach den Arbeitszeiten der Eltern, Kindergarten- und Betreuungszeiten der Kinder richtet, sollten gemeinsame Aktivitäten und Rituale integriert werden.

Dies sind beispielsweise gemeinsame Mahlzeiten, an deren Vor- und Zubereitungsprozess die gesamte Familie beteiligt ist. Ein ästhetisch schön gedeckter Tisch, der gemeinsame Beginn der Mahlzeit und das Teilen geschmackssinnlicher Eindrücke (ohne laufenden Fernseherapparat im Hintergrund, und ohne Smartphone). Kinder sollten das, was sie essen, bewusst riechen und schmecken lernen. Sie sehnen sich nach einfühlsamer Zuwendung durch ihre Eltern. Deshalb ist es ratsam, nicht immer als

Erstes zu fragen: „Wie war es in der Schule?" oder „Was hast Du in der Deutscharbeit bekommen?"

Bei gemeinsamen Gesellschaftsspielen am Abend, können Eltern vorleben, dass man auch mit Anstand verlieren kann, was Fairness bedeutet und wozu Regeln notwendig sind.

Bei Ausflügen und Spaziergängen werden alle Sinne geschärft und wichtige Erfahrungen in der Natur gemacht.

Sehr wichtig ist, dass Sie ihre Kinder zum Lesen von Büchern animieren. Dazu können Sie wöchentliche Lesestunden einführen, denn diese fördern die Fantasie und Konzentration der Heranwachsenden. Die schwedische Regierung hat unlängst die Herbstferien zu „Leseferien" erklärt und will diese jährlich mit einer stattlichen Investitionssumme unterstützen. Grund dafür: Das Lesevermögen junger Schweden hatte sich eklatant verschlechtert (102).

Schauen Sie Filme im TV- oder Netz mit Ihren Kindern, wenn sie noch nicht das Schulalter erreicht haben, grundsätzlich gemeinsam! Dabei ist es am neuronen-förderlichsten, wenn Sie die Nutzung mit analogen Informationen begleiten und gegebenenfalls mit Kommentaren der Überraschung, Freude, des Erschreckens, des Weinens oder Lachens unterbrechen, also Affektbeispiele geben.

Stellen Sie Ihren Kindern Fragen! Antworten Sie kindgerecht auf deren Fragen. So nehmen Sie dem Vorgang die Einseitigkeit reinen Konsums. Missbrauchen Sie digitale Geräte nicht als „Ersatz-Nannies" sondern als eine von vielen zeitgemäßen Möglichkeiten zum gemeinsamen Spiel, zur Information und Kommunikation! Vereinbaren Sie vorab klare Nutzungszeiten, die eingehalten werden müssen! Und kontrollieren Sie die mit einer schlichten alten Eieruhr statt mit dem Smartphone.

Kinder brauchen und lieben Rituale, wie beispielsweise das obligate Vorlesen vor dem Einschlafen.

Meinen Erfahrungen aus facharztlicher und psychotherapeutischer Tätigkeit nach, geraten Selbstverständlichkeiten wie Rituale in vielen Familien in den Hintergrund oder spielen überhaupt keine Rolle mehr. Bücher, Zeichenblöcke und Gesellschaftsspiele weichen Ballerspielen und digitalen Foren. Eigenhändig zubereitetes Essen wird von Fastfood und zuckerhaltigen Getränken abgelöst. Nach Kinderparties und Geburtstagen posten viele Eltern die Fotos ihrer Kinder in öffentliche Netze, ohne daran zu denken, dass dort Gefahren lauern können durch Missbrauch der Fotos oder durch das Anlocken pädophiler Zeitgenossen. "Sharents" werden solche verantwortungslosen Eltern genannt (hergeleitet aus den englischen Worten *share* (teilen, dabei sein) und *parents* (Eltern)).

Doch nicht nur Sie als Eltern stehen in der Verantwortung.

Seit Jahren wird empfohlen, das Thema Digitale Medien als Lehrstundeninhalt in Schulen einzurichten. Nur so kann in der Breite dafür gesorgt werden, dass die Errungenschaften moderner Technologien bei Kindern und Jugendlichen zu deren Nutzen und nicht zu ihrem Schaden eingesetzt werden.

Eine einheitliche verbindliche Regelung bzw. die Erstellung von Leitlinien zur Vermittlung von Medienkompetenz ist allerdings noch nicht in Sicht. Die 16 Kultusministerien sind sich uneins, einige plädieren für die Behandlung des Themas in allen Fächern. Mecklenburg-Vorpommern ist das einzige Bundesland, welches einen Modellversuch mit dem Fach „Informatik und Medienkunde" an 11 Schulen des Landes startete, der sich sowohl mit der technischen Seite als auch mit Fragen des Umgangs mit digitalen Medien befasst.

Das geht weit über die Empfehlung der Kultusminister-Konferenz aus dem Dezember 2016 hinaus. Die Bildungssenatorin Claudia Bogedan (SPD) aus Bremen sprach damals treffenderweise von einer „neuen Vierten Kultur-Technik" (103), die ganzheitlich gesehen werden muss. Sie forderte als Konsequenz den Einsatz von Smartphones im Unterricht, wobei die eigentlich so wichtigen Umgangsregeln mit den Geräten nicht berücksichtigt wurden.

Noch uneinheitlicher ist diese Frage in den Kindertagesstätten und Vorschulen geregelt, also bei Kindern, die sich in der wichtigen Prägungsphase der ersten fünf Lebensjahre befinden.

Unterschiedliche pädagogisch wissenschaftliche Untersuchungsergebnisse, die sich häufig widersprechen und somit in den Medien unterschiedliche Stellungnahmen auslösen, verstärken das Problem. Dabei sind Ursache und Wirkung dieses Problems ziemlich einfach zu verstehen.

Wie bei Medikamenten und auch vielen Nahrungsmitteln macht die Dosis und die Form der Verabreichung den Unterschied zwischen Nutzen und Schaden aus. Die engagierte Initiative „Schau hin" von ARD, ZDF in Zusammenarbeit mit dem Bundesinnenministerium gibt sogar klare „Dosis-Anleitungen" im Umgang mit digitalen Medien für Eltern vor (003). Danach sollten Kinder bis zum fünften Lebensjahr maximal 20 bis 30 Minuten pro Tag online sein, zwischen sechs und neun Jahren maximal eine Stunde pro Tag und ab zehn Jahren nicht länger als neun Stunden pro Woche. Ein vernünftiger Vorschlag wäre auch, zehn Minuten pro Tag und Lebensjahr zu gewähren oder eine Stunde pro Lebensjahr und Woche (also bei einem Sechsjährigen sechs Stunden pro Woche). Dabei ist wichtig, den Kindern den Platz des Smartphones oder der Spielekonsole deutlich zu machen: bei den Mahlzeiten, vor dem Schlafengehen oder bei anderen Beschäftigungen, die Konzentration abverlangen wie beispielsweise Malen, Spielen, das Verrichten der Schulaufgaben, haben Smartphones, Tablets und PCs nichts verloren!

Selbstverständlich müssen die Inhalte der digitalen Spiele oder Filme auf das jeweilige Kindesalter zugeschnitten sein. Das heißt, dass hier nur Produkte eingesetzt werden sollten, die dazu überprüft wurden.

Eltern und Erzieher sollten jederzeit sensibel darauf achten, welche Auswirkungen die Beschäftigung mit den digitalen Medien bei den Kindern hat. Das können durchaus positive Eindrücke sein, aber auch Hinweise auf Überlastung, Hilflosigkeit, Ratlosigkeit und Verwirrtheit. In solchen Fällen sollten dringend Pausen eingelegt werden, erst recht, wenn die Kinder darauf verärgert, aggressiv und mit Widerstand reagieren.

Kinder sind individuelle Wesen, die mediale Einflüsse unterschiedlich verarbeiten. Deshalb ist es wichtig, dass Eltern und Betreuer die körpersprachlichen Signale, die ihre Kinder aussenden, gut kennen und verstehen. Eine gesunde Frustrationstoleranz, die im Übrigen der Suchtentstehung entgegenwirkt, ist eine lebenswichtige Eigenschaft. Dies zeigt das Ergebnis des berühmten Marshmallow-Tests, den der österreichisch-amerikanische Psychologe Walter Mischel Ende der 60er-Anfang der 70er Jahre an Kleinkindern im Alter von vier Jahren durchführte. Er setzte Kinder in einem Raum an einen Tisch, auf dem eine Marshmallow-Süßigkeit lag. Die Versuchsleiterin erklärte dem Kind, sie würde den Raum für kurze Zeit verlassen. Wenn das Kind wolle, dass sie zurückkäme, solle es ein Glöckchen läuten und dürfe dann den Marshmallow essen. Würde es jedoch abwarten ohne die Süßigkeit zu essen bis sie, ohne gerufen zu werden, zurück sei, dann bekäme es einen zweiten Marshmallow dazu (058). Die Kämpfe der einzelnen Kinder mit der Versuchung in Form eines Marshmallow sind Dauerbrenner bei Youtube (Youtube marshmallow experiment).

Schon nachträgliche Untersuchungen in den 80er Jahren zeigten, dass jene Kinder, welche der „Versuchung Marshmallow" widerstanden und sechs bis zehn Minuten auf den sofortigen Verzehr verzichten konnten, als junge Erwachsene mit stärkerer sozialer Kompetenz ausgestattet waren, zielstrebiger und auch erfolgreicher waren. Sie konnten besser mit Stress und Belastung umgehen als ihre Mitstreiter bei dem Versuch, die eine niedrigere Frustrationsschwelle hatten. Dies wurde nun von Walter Mischel durch eine späte weitere Nachuntersuchung nach vierzig Jahren nochmals bestätigt und in einem Buch zusammengefasst (104).

Die Fähigkeit zum Belohnungsaufschub ist ein sehr wichtiges und nützliches Persönlichkeitsmerkmal für ein erfolgreiches Leben. Und es ist mit konsequenter und liebevoller Erziehung vermittelbar!

Dass ein Teil der Heranwachsenden mittlerweile auch etwas selbstkritisch ist, beweist das Jugendwort des Jahres 2015. Es heißt „Smombie" und bezeichnet einen Smartphone-Zombie, also einen User, der von seiner Umwelt nichts mehr wahrnimmt, weil er unablässig auf sein Smartphone schaut.

Zusammengefasst:

Lehren Sie Ihre Kinder den maß- und verantwortungsvollen Umgang mit digitalen Medien. Die Dosis und Darreichungsform bestimmen den Effekt auch hier. Gute Ratschläge gibt es im Internet bei der ARD- und ZDF-Initiative "Schau hin"! Leiten Sie Ihre Kinder beim Gebrauch der Medien an. Begleiten Sie sie. Vereinbaren Sie feste Zeiten und erlauben Sie nur Inhalte, die dem jeweiligen Alter des Kindes zugeschnitten sind. Bei wichtigen Beschäftigungen wie Hausaufgaben und den täglichen Mahlzeiten sollten Smartphones, Tablets und PCs tabu sein. Setzen Sie die Geräte bitte nicht ein, um vor Ihren Kindern Ruhe zu haben. Das Unterrichtsfach Digitale Medien sollte einen festen Platz in den Kindertagesstätten, Schulen und Gymnasien haben, wo ausgebildete Lehrkräfte die sinnvolle Nutzung vermitteln aber auch die Gefahren besprechen.

Nachwort

Mit diesem Buch möchte ich zum Nachdenken anregen. Zwar ist die Diskussion über die Folgen maßloser und unkontrollierter Nutzung in der Öffentlichkeit im Gange, doch diese bewirkt bisher wenig Verbesserung. Ich kann mich nicht unrealistischen Forderungen anschließen, wie sie der Autor Rainer Patzlaff in seinem Buch „Der gefrorene Blick" fordert, nämlich Kindern vor dem neunten Lebensjahr den Zugang zu digitalen Medien zu verwehren und meine, dass auch Forderungen, die der Autor Manfred Spitzer in seinen engagierten Büchern erhebt, mittlerweile nicht mehr umzusetzen sind. Dennoch schätze ich ihn als ersten ernstzunehmenden Mahner und die vielen Besorgnis erregenden Studienergebnisse aus aller Welt, die er zusammengetragen hat (004, 022, 086).

In meiner Praxis häufen sich die Fälle mit den von mir aufgezählten Störungen bei jungen Erwachsenen und Problemen junger Paare. Gleichzeitig kommen immer öfter die beschriebenen Konflikte über die Nutzung digitaler Medien mit Kindern meiner Klienten zur Sprache.

Die moderne Gehirnforschung vermag zwar immer besser die Arbeit unseres Denkorgans zu erklären, jedoch sind Untersuchungen bei den besonders gefährdeten Kleinkindern allein „wegen des geringen Reifungsgrades ihrer Gehirne wenig aussagekräftig" (Prof. Dr. Dr. Gerhard Roth, persönliche Mitteilung). Das kann aber nicht zur Sorglosigkeit führen, denn Entwicklungen, die menschliche Gehirne irritieren oder überlasten, landen bei uns Psychotherapeuten. Auch die speisen die Diskussion derzeit überwiegend mit Fallbeispielen und wenig empirischen Langzeituntersuchungen. Zudem leben Gehirnforscher und Psychotherapeuten immer noch in weit voneinander entfernten

Welten (105). Ein stärkerer Austausch zwischen ihnen und mit Medienpsychologen wäre wünschenswert.

Ich sehe mich andererseits aber in meinen Beobachtungen durch international anerkannte Experten bestätigt (106, 107).

Eine klare bildungspolitische Linie ist leider bisher nicht zu erkennen. Ein großmundig angekündigtes Milliardenprogramm der Bundesbildungsministerin Johanna Wanka, welches unsere Schulen fit für das digitale Zeitalter machen soll, lässt auf sich warten und scheint mit den Regierungskollegen, welche das Steuergeld verwalten, nicht abgesprochen (110).

Das bedeutet, dass Pädagogen, Erzieher und letztendlich besonders die Eltern gefragt sind, sich kritisch mit diesem speziellen Thema auseinander zu setzen. Und nicht zuletzt bedarf es einer ebenfalls nachdenklichen und kritischen Recherche und verantwortungsbewussten Berichterstattung in den Medien.

Immer wieder können wir von Aktionen lesen, die versuchen, dem gedankenlosen übermäßigen Smartphone-Konsum Einhalt zu gebieten, so z. B. in Lokalen („Handy aus, und das Essen kostet die Hälfte" (108)). Lokale Zeitungen berichten von Geschäftsleuten in Holland, die am Smartphone hängende Kunden nicht mehr bedienen.

Auch einen Handy-Knigge gibt es schon und die deutsche Knigge-Expertin Agnes Anna Jarosch, Leiterin „Der deutsche Knigge-Rat" wird zitiert: „Im Umgang mit dem Handy gibt es eine simple Regel: „Es ist immer unhöflich, Anwesende zugunsten Nichtanwesender zu vernachlässigen." Meines Erachtens ist es nicht nur unhöflich, sondern eine Kränkung, wenn mein Gegenüber während der Kommunikation andauernd auf sein Smartphone schaut. Hierfür entstand das Kunstwort „Phubbing" (aus dem englischen „phone" und „snubbing" = vor den Kopf stoßen).

"Wir alle haben schon einmal den Moment erlebt, wenn wir mit Freunden unterwegs sind, dass die ihre Handys zücken und man auf einmal weniger interessant ist als das, was sie auf ihren Handys lesen." sagt Alex Haigh im Interview mit dem australischen Radiosender NovaFM. Der australische Student hat eine Initiative „Stopp Phubbing" gegründet.

Auch das engagierte Buch „Mail halten" von Anitra Eggler kann man zu diesen Aktionen zählen, in dem sie mit drastischen Vokabeln die digitalen Kommunikationskrankheiten wie „E-Mail-Wahnsinn", „Sinnlos-Surf-Syndrom" oder „Facebook-Inkontinenz" anprangert (111; wickipedia).

Seriöse Stimmen plädieren für einen kontrollierten und schrittweisen Einstieg von Kindern und Jugendlichen:

"Medien in der Familie verstehe ich als Herausforderung. Immer wieder neu muss ich mir zu den wechselnden Angeboten meine Meinung bilden und meinen Standpunkt vertreten. Schließlich sind wir Eltern die Wegbereiter für einen bewussten und verantwortungsvollen Medienumgang. Gut begleitet können unsere Kinder so 'ihre' Medienwelten mit Spaß entdecken und genießen, ohne sich völlig darin zu verlieren. Außerdem: Medien sorgen für jede Menge Gesprächsstoff zwischen Kindern und Erwachsenen. Das zahlt sich aus, wenn sich unsere Kinder zu kompetenten Mediennutzern entwickeln sollen." wird die Medienpädagogin Kristin Langner zitiert, die seit 2010 die fachliche Beratung der Aktion „Schau hin" ausübt.

Dem schließe ich mich an.

Wenn mein Buch ein wenig mehr zur Nachdenklichkeit und Diskussion beitragen kann, ist ein wichtiger Schritt getan.

Literatur

001) computerbild.de: News-Handy-Aufstehen Einschlafen-Smartphone, artikel/cb, Internet

002) DIVSI, Institut f. Vertrauen u. Sicherheit im Internet, Studie April 2015

003) Schau hin, Medieninitiat.BuMInnere, ARD,ZDF; www.schau-hin.de

004) Spitzer, Manfred: Cyberkrank! Buch, Droemer

005) Schultz, Johann H.: Das Autogene Training, Thieme 1932

006) Brähler, Elmar: Alexithymie, Zeitschr.f.Klin., 2002, 31

007) Hansch, Dietmar: Burnout, Buch, Knaur-Verlag

008) Hillert, Andreas: Burnout, Buch, Schattauer-Verlag

009) Grüter, Thomas: Prosopagnosie, Internet

010)   Uni Münster: Prosopagnosie, www.klinikum.uni-muenster.de

011) Singer, Tania: Empathie, Internet

012) Ayan, Steve J.: Spiegelneurone, Gehirn&Geist, 2, 2004

013) Rizzolatti, Giac.: Spiegelneurone, Internet

014) Servan-Schreiber D.: Die neue Medizin der Emotionen, Buch, Thalia

015) Spitz, René: The first Year of Life, zitiert aus Balint 2015, 16:66-72

016) Nast, Michael: Generation Beziehungs-unfähig, Buch, Edel-Books

128

017) Jähnke, Lutz: "Use it or loose it", ZH News, Uni-Zürich

018) Carter, Rita: Das Gehirn, Buch, DK-Verlag

019) Seth, Anil: Das Gehirn in 30 Sekunden, Buch, Librero

020) Raichle, Marcus E.: Das Gehirn ruht nie, Spektrum der Wiss. März 2016

021) Roth, Gerhard: Persönlichkeit Entscheidung, Verhalten, Buch, Klett-Cotta

022) Spitzer, Manfred: Lernen, Buch, Spektrum

023) Roth, Gerhard; Strüber, Nicole: Wie das Gehirn die Seele macht, Buch, Klett-Cotta

024) Gage, Fred H.: Plastitziät, Spektrum d.Wiss., 3/2004

025) Maguire, Eleanor: Hippocampus, London Taxi, Current Biologie, 2011

026) Schmidt, Jürgen: Dialekt und Neurone, Die Welt, 13.05.16.

027) Segura, Inmac. et al.: Synapsenbildung, Fadenwurm, Internet

028) Elbert, Thomas: Trauma- u. Gewalterfahrungen, Neurol. Psych. Tagung April 16

029) Braus, Dieter: Funktion verändert Struktur, Neurol. Psych. Tagung April 16

030) Lin, Frank: Schwerhörigkeit, Demenz, Internet

031) Rigos, Alexandra: Evolution des Gehirns, GEOkompakt, 06/08

032) Winterstein, P. R. J. Jungwirth: Kinderzeichnungen/Fernsehkonsum, Kinder- u. Jugenarzt, 2006; 37: 205-211

033) Kaiser Family Foundation: Jugendl. Nutzungszeit digitaler Medien, Internet

034) Winterhoff, Mich.: Digitale Reizüberflutung, Die Welt digital, 06.04.16.

035) ZNL, Kl. f. Psychiatrie: Schreiben versus tippen S, Studie Univ. Ulm

036) Dahlqvist, Ulf: Digitaler Konsum, Schwedische Studie Dez 2015

037) Noble, Kimberley: How poverty shapes the brain, Studie Columbia University 2015

038) Röske, Katrin u.a.: Rauchen in der Schwangerschaft, Uni Greifswald Juli 2008

039) Robinson, Gene u.a.: Genom Science, Internet

040) Asendorp, Jens: Persönlichkeitsentwicklung, Internet

041) Sachser, Norbert: Schwangerschaft, Gehirn, Vortrag AFNB, 2012

042) Bading, Hilmar: Gehirn, Aktivität, Internet

043) Ericsson, Anders: Lernerfolg, Spitzenleistung, Buch, Pattloch-Verlag

044) Koch, Iring: Multitasking-Mythos, Uni Bonn, Internet

045) Koechlin, Etienne: Multitasking, Internet

046) Manhart, Klaus: Multitasking, Gehirn&Geist, 2, 2004

047) Nass, Clifford: Multitasking, Internet

048) Vollrath, Mark: SMS im Auto, TH-Braunschweig 2017

049) NDR Info: LKW-Fahrer abgelenkt, Internet, 11.04.16.

050) Bayr.Rundfunk: Zugunglück Bad Aibling, Internet 2004, 52

051) Pavlidis, Ioannis et al.: SMS, Autofahren, focus 20/2016

052) Jantz, Sigi: Mädchen läuft vor die Tram, Internet

053) Youtube: handyunfall, Internet

054) WAZ.de: Unfallursache Smartphone, www.derwesten.de

055) www.youtube.com/watch?v=P9UxWcZbGMQ

056) Libet, Benjamin: The Temporal Factor in Consciousness, Harvard University Press, 2004

057) Roth, Gerhard: Wo bleibt der freie Wille? Focus, 10/2010

058) Mischel, Walter: Der Marshmallow-Test, Buch, Siedler

059) Kant, Emanuel: Kritik der reinen Vernunft, Hartknoch 1787

060) Rosa, Hartmut: Digitale Suchtverhaltensmuster, Internet, Die Welt

061) Tamir, Diana I. T. Mitchell: Offenlegung eigener Persönlichkeitsdaten, Internet

062) Große-Perdekamp, Maria: Wie facebook & co das Fam.leben zerstört, HH MoPo Ratgeber 12.11.15

063) DAK-Gesundheit: Internet im Kinderzimmer, Studie Dez 15

064) SWR2, Vers. Aut.: Die digitale Versuchung, SWR2, 26.11.15

065) Dyckmanns, Mechthild: Drogenbeauftragte der Bundesregierung

066) Knop, Karin: Smartphone, Stress, Jugendl., Mannheimer Studie, Internet

067) Tecmark: Tägliche Smartphone-Nutzung, Internet

068) Hallowell, E.: Pseudo-ADS, Buch, Rowohlt-Verlag

069) Hamburger MoPo: FOMO, Multitasking www.mopo.de

070) Hannov. Allgem. Z.: Mutter mit Küchenmesser bedroht, 27.07.15.

071) Bild-Zeitung: Abgetrennter Finger, Pressemeldung 11.03.16.

072) Hermans, Enno: Gleichzeitigkeit macht es kompliziert, www.praxis-hermans.de

073) DAK-Report: Gesundheitsreport 2015, Internet

074) Storch, Maja; Tschacher, W.: Embodiment, Buch, Thalia

075) Wells, G.L.; Petty, R.E.: The effects of headmovement, Social Psychology 1980

076) Krüger, Tillmann: Botox und Depression, science direct 2004

077) Hansraj, Kenneth: Haltungsschäden, Internet

078) Meyer, Reinhard: Handydaumen, Internet

079) ZDF, Praxis Tägl.: SMS-Daumen, Handy-Arm, Tablet-Nacken, 03.12.14

080) Sandmeyer, P. , Sadre-Chirazi-Stark, M.: Säulen d. psych. Gesundheit, Gehirn&Geist, 2/2004

081) Robert Koch-Inst. Lichtquellen, Gesundheit, Internet

082) Brenner, Bernhard: Künstliches Licht, Vortrag, Internet

083) Weeß, Hans-Günter: Smartphones und Schlaf, Gesundheit, Focus, Dez 2015

084) Ohayon, Maurice: Epidemie der Schläfrigkeit, Dt. ÄB, 12.02.2016

085) Sparrow, Betsy: Google, Gedächtnis, Spiegelonline

086) Spitzer, Manfred: Die digitale Demenz, Buch, Thalia

087) Die Welt: Smartphone & Co./ Kurzsichtigkeit 06.09.15

088) dpa zit. Schöll, Jonas: Ärzte warnen vor psy. Störungen, Internet

089) Stressreport: Arbeitsbelastung, Gesundheit, Deutschland 2012 Internet

090) American Acad. of Pediatrics: Gehirn, Technologien, AAP 2001/13

091) Canadian Paediat Society: Gehirn, Technologien CPS 2010

092) Dt. Ärzteblatt: Zitat der Woche Heft 25, 23.Juni 2017

093) BuGesMinisterium: 2017 blikk-Studie, Internet

094) Dt. Ärzteblatt: Prävalenz u. psychosoziale Korrelate von Internet Gaming Disorder, Heft 25, 2017, 419

095) TK: Studenten, Beschwerden Umfrage TH-Ingolstadt

096) Frankenbach, Thom.: Somatische Intelligenz, Koha-Verlag, Burgrain

097) Schultz, Johann H.: Das Autogene Training, Thieme 1932

098) Website Autor, www.psychotherapeut-peine.de, Internet

099) O´Connor, Joseph; Seymour, John: Neurolinguistisches Programmieren, VAKVerlag

100) FOCUS Magazin: So kommt Ordnung in den Kopf, Freitag, 04.09.2015

101) Pestalozzi, J. H.: Sämtliche Werke. de Gruyter, Berlin und Zürich 1927–1996

102) Peiner Allg. Z. -Schwedens Regierung reagiert auf Leseschwäche, 27.08.16.

103) Sternberg, Jan: Die vierte Kulturtechnik in Peiner Allg. Zeitung 19.06.17.

104) Mischel, Walter: Der Marshmallow-Test, Siedler Verlag, München 2015

105) Grave, Klaus: Neuropsychotherapie, Buch, Hogrefe

106) Turkle, Sherry: Interview, Süddeutscher Z., 29.08.2011

107) Carr, Nicolas: Wer bin ich wenn ich online bin, Buch, Blessing Verlag

108) welt N24: Handy aus und das Essen kostet die Hälfte, Internet

109) knigge.de: Handy-Knigge, Internet

110) Peiner Allg. Z.: Doch kein Geld für digitale Schule? 10.08.2017

111) Eggler, Anitra: Mail halten, Buch, Eigenverlag

Begriffserklärungen

Abhörbarbie

Eine sprechende Puppe, welche die Stimme seines Besitzers spricht, Aktionen des Kindes sowie Gespräche in der Umgebung aufnimmt und die Daten an einen Server im Internet übermittelt. Eine Spracherkennungs-Software wertet hier die Daten aus. Je länger die Barbie-Puppe ihrem Besitzer zuhört, desto besser merkt sie sich beispielsweise Details wie den Namen des Haustieres. Sie sendet passende Antworten zurück und gibt sie über den integrierten Lautsprecher aus. Gestartet wird die Spracherkennung per Knopfdruck. Quelle: "Washington Post".

ADHS

Aufmerksamkeits-Defizit-Hyperaktivitäts-Störung, eine seelische Störung, die sowohl Kinder als auch Erwachsene betreffen kann und sich durch Konzentrationsschwäche, Überaktivität und impulsives Verhalten auszeichnet. Häufig kombiniert mit Leistungsschwäche und weiteren psychischen Störungen wie Depression, Suchtverhalten, Selbstverletzung und Aggression.

Alexithymie

Nach den US-amerikanischen Psychiatern John Case Nemiah und Peter Emanuel Sifneos die Unfähigkeit mancher Patienten ihren körperlichen Beschwerden eigene Gefühle und Befindlichkeiten zuordnen zu können.

Amygdala

wird auch als Mandelkern bezeichnet und gehört zum Limbischen System*. Sie spielt eine wichtige Rolle in der Verarbeitung und Bewertung von Gefühlen, speziell wenn sie mit negativen Aspekten wie Ängsten, Gefahren und Verletzungen auftreten.

Asperger-Syndrom

(siehe auch Autismus) ist eine Form des Autismus und gehört zu den tiefgreifenden Entwicklungsstörungen mit erheblichen Defiziten im sozialen Bereich speziell auch in der Kommunikation. Typisch sind stereotype Handlungen und unangemessene Reaktionen. Besonders beeinträchtigt sind das Erfassen und Deuten nonverbaler Signale wie Blickkontakt, Mimik und Gestik, was sie häufig als ungeschickt erscheinen lässt. Die anderen geistigen Fähigkeiten sind meist nicht betroffen, die Intelligenz normal oder wie auch beim Autismus verbunden mit sog. Insel- oder Hochbegabung.

Autismus

Nach WHO eine schwere Entwicklungsstörung des Gehirns, die zu veränderter oder eingeschränkter Wahrnehmungsfähigkeit führt und als Folge zu Störungen der sozialen Interaktion und Kommunikation. Häufig sind Intelligenz und Gedächtnis überdurchschnittlich entwickelt.

Autogenes Training

Keine der der etablierten Anti-Stress-Therapien bietet die Voraussetzungen für eine diskrete und überall und jederzeit einsetzbare Entspannung so gut wie das in den zwanziger Jahren des vergangenen Jahrhunderts vorgestellte Autogene Training. Er entwickelte die Methode aus den Erfahrungen seiner hypnotherapeutischen Arbeit. Bei der Befragung seiner Patienten nach Ruhehypnosen fiel ihm auf, dass immer wieder bestimmte Begriffe der Befindlichkeit erwähnt wurden wie "angenehme Schwere" und "Wärme" der Gliedmaßen und des Leibes, sowie eine "tiefe freie Atmung" und ein "ruhiger Puls". I.H. Schultz erkannte, dass es sich hierbei um zentrale Effekte der Hypnose handeln musste. Er folgerte, dass durch intensives Vorstellen (suggerieren) dieser Zustände eine dem Hypnosezustand vergleichbarer Effekt zu erzielen sein müsste, entwickelte aus den Begriffen seine bekannten Formeln ("Ich bin ganz ruhig", "Mein Arm ist angenehm schwer", "Mein Arm ist strömend warm", "Es atmet mich", "Herzschlag ruhig und gleichmäßig", "Sonnengeflecht strömend warm" und "Stirne kühl") und nannte die Methode in seiner Veröffentlichung aus dem Jahr 1932 "Das Autogenes Training-Konzentrative Selbstentspannung".

Bindung, frühkindliche

beschreibt die extrem wichtige Interaktion zwischen Mutter und Kind in den ersten Lebensmonaten. Die Amerikaner John Bowlby und Mary Ainsworth klassifizierten den Effekt im kindlichen Verhalten in 4 Gruppen: A) unsicher vermeidend B) sicher C) unsicher-ambivalent D) desorganisiert.

Embodiment

beschreibt die Wechselwirkung zwischen Körper und Seele, in dem Gefühle sich verkörperlichen und körperliche Haltungs- und

Bewegungsstereotype unbewussten Einfluss auf Befindlichkeiten und Handlungen haben.

Empathie

ist die Fähigkeit, Gefühle anderer Menschen zu erkennen. Das geht zunächst unbewusst reflexhaft mit einer oft auch unbewussten Reaktion zur Hilfe vor sich. Ihm folgt das Verstehen und bewusste Handeln. Hier spielen die Empathie-Neurone eine wichtige Rolle.

Endorphine

sind die Belohnungs- und Glücksbotenstoffe im Gehirn. Sie tragen zur Stimmung und Motivation bei.

Epigenetik

befasst sich mit Abschnitten unserer Gene, welche die Wirkung der eigentlichen Gene kontrollieren. Hier können unter anderem Umwelteinflüsse, Schadstoffe oder Medikamente Abweichungen (siehe auch unter Polymorphie) hervorrufen, sie können aber auch spontan entstehen.

Fibromyalgie

ist die Bezeichnung für Beschwerden in Form chronischer oft viele Körperteile betreffende Schmerzen, deren Ursachen weitesgehend ungeklärt sind. Vermutet wird eine Kombination von seelischen (Depression, Stress) und körperlichen (rheumatischen) Belastungen.

FoMo

englisch für "fear of missing out" = die Angst etwas zu verpassen.

Future pacing

bedeutet das mentale also vorstellungsmäßige Erleben zukünftiger Situationen mit den gewünschten Ressourcen (Ein Begriff aus dem Neurolinguistischen Programmieren NLP).

Genom

ist die Summe aller Erbfaktoren eines Lebewesens. Für den Menschen zum ersten Mal vollständig entschlüsselt im Jahr 2003.

Gliazellen

befinden sich annähernd gleich viele im menschlichen Gehirn wie Neurone. Sie erfüllen Transport und Versorgungsaufgaben, bilden Stütz- und Schutzgewebe und sorgen für optimale Isolation der Neurone.

Hater

Internetuser, die abfällig bis verletzend Ereignisse oder Personen meist anonym in Internet kommentieren.

Hippocampus

gehört zum sog. Limbischen System* und damit zu den entwicklungsgeschichtlich ältesten Anteilen des Gehirns. In ihm fließen Signale verschiedenster sinnlicher Eindrücke zusammen. Er ist wichtig die für die Speicherung von Informationen, also für Gedächtnis und Orientierung.

Homunkulus

Der Penfield´sche Homunkulus ist eine graphische 3D-Darstellung der sensorischen und motorischen Areale in den seitlichen Schläfenlappen des menschlichen Gehirns im Verhältnis zu ihrer funktionellen Größe, d. h. die Areale die besonders viele neuronale Flächen und Verschaltungen enthalten sind verhältnismäßig größer abgebildet.

ISO-Syndrom

wird eine durch Internetsucht ausgelöste Symptomentrias genannt mit **I** für Internetsucht, **S** für Schulvermeidendes Verhalten sowie **O** für Obesitas (Das lateinische Wort für Fettsucht).

Limbisches System

ist eine entwicklungsgeschichtlich alte Arbeitseinheit des menschlichen Gehirns, in der Gefühle und Wünsche verarbeitet werden, auch werden in ihm die Belohnungshormone (Endorphine*) ausgeschüttet. Eine ganze Reihe psychischer Erkrankungen können hier ihren Ursprung haben: Depressionen, Angststörungen, Schizophrenie u. a..

Melatonin

ist das körpereigene Schlafhormon, welches bei Dämmerung und Dunkelheit in der Zirbeldrüse des Gehirns gebildet wird, schlaffördernd und regulierend wirkt und durch taghelles Licht in seiner Produktion gebremst wird.

Metakognition

ist das Denken über das eigene Denken. Eine Fähigkeit, die bisher nur dem Menschen zugetraut wurde. Neueste Untersuchungen mit Menschenaffen zeigen jedoch ähnliche Ansätze.

Narzissmus

Der Begriff wird in vielen kulturellen, sozialen und philosophischen Zusammenhängen unterschiedlich interpretiert. Im Rahmen der Psychotherapie gilt der Begriff für eine Form der "Selbstverliebtheit", die ihren Platz in der frühen Entwicklung der Kinder hat und durch Fehlentwicklung krankhaft überzogene Formen annehmen kann, die in ihren verschiedenen Varianten zu den Persönlichkeitsstörungen gehören.

Neurone

sind die Information verarbeitenden Zellen unseres Gehirns, vielfach untereinander synaptisch "verdrahtet" und ständig in der Lage, sich auf neue Informationen oder Aufgaben umzustellen.

Neuroplastizität

bezeichnet die Fähigkeit unseres Gehirns in der Summe aller seiner Neuronen, sich neuen Funktionen oder Verhältnissen anzupassen.

Neurotransmitter

sind die chemischen Botenstoffe, die zwischen den Neuronen an den Verbindungen (Synapsen*) eine Erregung weiterleiten. Zu ihnen gehören u. a. Dopamin, Serotonin und Glutamat.

Nomophobie

englisch für "no mobil phone phobie" = die Angst, das Smartphone nicht zu Hand zu haben oder eines mit leerem Akku.

Obsoleszenz

bezeichnet den normalen und geförderten Alterungsprozess von Produkten und geistigen Inhalten. Seelische Obsoleszenz ist die Sucht nach ständig neuen Produkten (Smartphones, Autos, Fernseher etc.).

Polymorphie

ist eine genetisch bedingte diskontinuierliche Vielgestaltigkeit von Individuen einer örtlichen Population, also am gleichen Ort.

Propriorezeptoren

sind Sinneszellen in den Muskeln und Bändern, die den jeweiligen Spannungszustand dem Gehirn melden und ihm somit ermöglichen, die jeweilige Haltung des Körpers zu registrieren (ein mühselig erlernter Prozess). Werden sie ausgeschaltet durch totale Entspannung (Autogenes Training) oder durch Abklemmen der Nervenbahn (eingeschlafenes Bein), hat das Gehirn keine Information mehr über den entsprechenden Körperteil.

Prosopagnosie

ist eine Form der Gesichtsblindheit, bei der die Betroffenen nicht mehr in der Lage sind, zuvor bekannte Gesichter zuzuordnen. Die Unfähigkeit manifestiert sich angeboren oder durch Verletzungen des Gehirns und kann verschiedene Aspekte und Ausdrucksformen der Gesichter betreffen.

Repräsentationszonen

sind die neuronalen Schaltzonen, in denen unser Gehirn die ankommenden Informationen (Input) sowie die entwickelten Fähigkeiten speichert.

Saisonale Depression

oder auch Winterdepression ist eine Befindlichkeitsstörung der dunklen Jahreshälfte mit schneller Erschöpfung, Schlafbedürfnis, Süßigkeitsheißhunger und psychischer Labilität. Vermutet wird der Mangel an Tageslicht. Sie lässt sich daher auch gut mit speziellen Tageslichtlampen therapieren.

Spiegelneurone

sind Neurone, die bei beobachteten Phänomenen unbewusst gleiche Verhaltensformen auslösen. Vermutet wird, dass sie die Grundlage für Empathie, Verständnis und Mitgefühl bieten.

Stalker

sind Menschen, die Mitmenschen belästigen oder verfolgen, sodass den Verfolgten seelischer oder sozialer Schaden entsteht.

Synapsen

sind die Orte der Reizübertragung zwischen zwei Nervenzellen (Neurone*) oder Nervenzellen und Erfolgsorganen (Muskeln, Drüsen etc.). Mittels der Neurotransmitter* wird der elektrische Impuls chemisch auf das Folgeneuron oder -organ übertragen.

Orientierungshilfen

Orientierungshilfen und Therapieangebote für Internet- oder Spiele-Süchte sind großer Fluktuation unterworfen und es ist schwer, zwischen seriösen und fragwürdigen Angeboten zu unterscheiden. Auch ich konnte nicht alle Angebote testen. Daher rate ich, immer einen versierten Arzt oder Pädagogen zu Rate zu ziehen, wenn es um Suchtproblematik geht.

Seriös ist sicherlich das Informationsangebot des Bundesministerium für Familie, Senioren, Frauen und Jugend in Zusammenarbeit mit dem ZDF unter folgender Internetadresse BMFSFJ/ZDF

www.schau-hin/info

Auch die Bundeszentrale für Gesundheitliche Aufklärung gibt Informationen unter BZgA

www.multiplikatoren.ins-netz-gehen.de

Ein neues Projekt der Ruhr-Universität-Bochum mit ihrem Online Ambulanz Service OASIS unter

www.onlinesucht-ambulanz.de

Die Unterhaltungssoftware unterhält eine Selbstkontrolle mit "Elternratgeber Computerspiele" unter

kontakt@usk.de / www.usk.de

Hilfe ist auch zu erwarten im zitierten

Deutschen Zentrum für Suchtfragen des Kindes- und Jugend-alters am Universitätsklinikum Hamburg-Eppendorf DZSKJ

Ärztlicher Leiter: Prof. Dr. med. Rainer Thomasius Geschäfts-zimmer: Andrea Lentfer

Tel: +49 40 7410-59307

Fax: +49 40 7410-56571

sekretariat.dzskj@uke.de

Weitere Therapieangebote finden Sie unter

www.computersucht.help

und der AHG-Beratungshotline:

Tel: 01801 244 222

Hier ist sicherlich das Internet von Nutzen.

Harald Walter (Jahrgang 1944) ist approbierter Frauenarzt und Psychotherapeut. Der Sohn eines Arztes und einer Ärztin wollte eigentlich Journalist werden, doch während der Bundeswehr-grunddienstzeit brachte die Möglichkeit, die Militärzeit im Falle eines Medizinstudiums von 18 auf 12 Monate zu verkürzen, den Abiturienten dann doch in die elterlichen Bahnen. Das Studium in Kiel, Graz, Würzburg und wieder Kiel wurde 1971 mit dem Staatsexamen abgeschlossen, der Doktortitel folgte mit dem Titel "Basiserhebung der stationär-psychiatrischen Einrichtungen Schleswig-Holsteins". Nach der Medizinalassistentenzeit in Kiel und Bonn folgten ein knappes Jahr Chirurgie und Militärarztzeit und schließlich der Entschluss zur Weiterbildung als Frauenarzt an der Universitätsklinik Würzburg 1973 bis 79.

Schon während dieser Jahre wuchs das Interesse an der Psychosomatik und Psychotherapie und der Entschluss zur berufsbegleitenden Ausbildung in dieser Fachrichtung. Nach der Ernennung zum Facharzt für Frauenheilkunde und Geburtshilfe und nach zwei Jahren als klinischer Oberarzt am Kreiskrankenhaus Peine ließ sich der Autor 1981 als Frauenarzt und ab 1987 zusätzlich als Psychotherapeut nieder. Speziell galt sein Interesse der seelischen Entwicklung in der vorgeburtlichen und nachgeburtlichen frühen Prägungsphase. Über 20 Jahre war er als Dozent für tiefenpsychologische Psychosomatik, Psychosomatik, Psycho-Onkologie, Arzt-Patienten-Kommunikation und Hypnose sowie – besonders engagiert – im Vermitteln des Autogenen Trainings tätig. Seit Beendigung seiner Tätigkeit als Frauenarzt im Jahre 2009 führt der Autor eine Praxis für Psychotherapie.

Mittlerweile hat der Vater dreier Töchter vier Enkelkinder, deren Entwicklung er mit großem Interesse verfolgt und die viel zu der Idee dieses Buches beigetragen haben.

Seit zwei Jahren beschäftigt er sich, angeregt aus Beobachtungen in seiner psychotherapeutischen Arbeit, mit den möglichen Folgen unkontrollierter und übermäßiger Nutzung digitaler Medien und führt eine rege Vortragsarbeit in Schulen, Kindergärten und Vereinen.

Danksagung

Zu allererst möchte ich meinen vier Enkelkindern Hannah, Paul, Emma und Anton danken, denn in der großväterlichen Beschäftigung mit ihnen habe ich viel über ihren eigenen und unseren gemeinsamen Umgang mit digitalen Medien gelernt. Ihr Drang, die Welt und ihre Angebote zu erobern, hat sowohl ihre Eltern als auch Großeltern immer wieder gefordert und geschult und gelehrt, dass die kontrollierte Nutzung digitaler Angebote durchaus nützlich und gesund sein kann.

Ich möchte meiner Tochter Anja Walter danken für die ersten Rezensionen und die graphische Gestaltung, sowie meiner Frau Christel, die meine Texte immer wieder akribisch studierte und auf Laienverständlichkeit überprüfte. Sehr herzlich möchte ich schließlich der Autorin und Lektorin Anke Gebert danken, die mir unendlich viel professionelle Hilfestellung gab sowie Herrn Prof. Dr. Dr. Gerhard Roth für unschätzbare fachliche Hinweise.

Über tredition

EIN EIGENES BUCH VERÖFFENTLICHEN

tredition wurde 2006 in Hamburg gegründet. Seitdem hat tredition mehrere tausend Buchtitel veröffentlicht. Autoren veröffentlichen in wenigen leichten Schritten gedruckte Bücher, e-Books und audio-Books. tredition hat das Ziel, die beste und fairste Veröffentlichungsmöglichkeit für Autoren zu bieten.

tredition wurde mit der Erkenntnis gegründet, dass nur etwa jedes 200. bei Verlagen eingereichte Manuskript veröffentlicht wird. Dabei hat jedes Buch seinen Markt, also seine Leser. tredition sorgt dafür, dass für jedes Buch die Leserschaft auch erreicht wird.

Im einzigartigen Literatur-Netzwerk von tredition bieten zahlreiche Literatur-Partner (das sind Lektoren, Übersetzer, Hörbuchsprecher und Illustratoren) ihre Dienstleistung an, um Manuskripte zu verbessern oder die Vielfalt zu erhöhen. Autoren vereinbaren direkt mit den Literatur-Partnern die Konditionen ihrer Zusammenarbeit und partizipieren gemeinsam am Erfolg des Buches.

Das gesamte Verlagsprogramm von tredition ist bei allen stationären Buchhandlungen und Online-Buchhändlern wie z. B. Amazon erhältlich. e-Books stehen bei den führenden Online-Portalen (z. B. iBookstore von Apple oder Kindle von Amazon) zum Verkauf.

Jetzt ein Buch veröffentlichen: www.tredition.de

EINE BUCHREIHE ODER VERLAG GRÜNDEN

Seit 2009 bietet tredition sein Verlagskonzept auch als sogenanntes "White-Label" an. Das bedeutet, dass andere Personen oder Institutionen risikofrei und unkompliziert selbst zum Herausgeber von Büchern und Buchreihen unter eigener Marke werden können. tredition übernimmt dabei das komplette Herstellungs- und Distributionsrisiko.

Zahlreiche Zeitschriften-, Zeitungs- und Buchverlage, Universitäten, Forschungseinrichtungen, u.v.m. nutzen diese Dienstleistung von tredition, um unter eigener Marke ohne Risiko Bücher zu verlegen.

Alle Informationen im Internet:
www.tredition.de/Buchverlage

tredition wurde mit mehreren Innovationspreisen ausgezeichnet, u. a. Webfuture Award und Innovationspreis der Buch-Digitale.

tredition ist Mitglied im Börsenverein des Deutschen Buchhandels.

Zeitfracht Medien GmbH
Ferdinand-jühlke-Straße 7
99095 Erfurt, Deutschland
produktsicherheit@kolibri360.de

FSC
www.fsc.org

MIX
Papier | Fördert
gute Waldnutzung

FSC® C083411